ほんのちょっとのコツで
毎朝がうんとラクになる

ヘアゴム1本のゆるアレンジ

ヘアスタイリスト　工藤由布

サンマーク出版

やばい！
夜から急な飲み会だ。
髪の毛、
どうにかできるもの
あったかなー。

ヘアゴム1本、
これさえあれば
どうとでもなる！

雑誌で〝5分でできるヘアアレンジ〟を
試したら、20分かかったうえに、
イマイチな仕上がりになった。

ステキ女子にあこがれるけど、
現実は、朝は出かけるギリギリまで寝ていたい。

〝ゆるふわ〟目指して
おくれ毛をいっぱい出していたら
落ち武者みたいになった。

（会社は適当でいいけど）
夜の飲み会用に会社のトイレ、
駅のトイレでサッと変身できる
ヘアアレンジテクが知りたい！

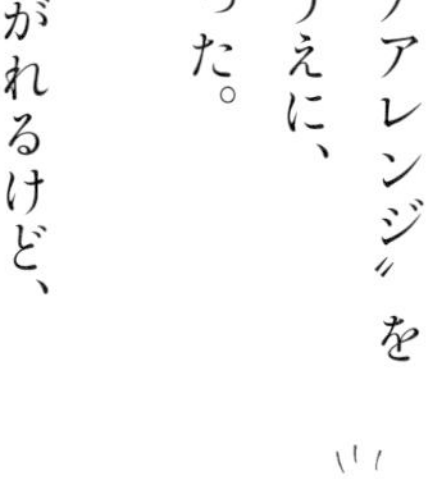

毛量が少ないせいで
地肌が見えて悲しい仕上がりになる。

毛量が多くて、
上手に髪の毛をまとめきれません。

特にオシャレなヘアアクセは持っていないけれど、
オシャレな髪型にどうにかなりませんかね……。

自分、圧倒的に不器用です！

この本は、こんな女子たちに向けた
ゆるーいヘアアレンジの本です。

はじめに

カット・カラーが終わった30代前半のお客様の髪の毛をスタイリング剤なしで、ヘアゴム1本だけで束ねたところ、

「ただのひとつ結びと思えない！」

「これなら余裕で表参道歩けるわ！」

「今日お風呂入らないで、明日この髪型のまま出社したい！」

と大喜びされたことがあります。

その髪型は、特にアイロンで髪を巻いたわけでもない、スタイリング剤をつけてもいない、ヘアアクセサリーも使用していない、使ったものはヘアゴム1本だけのすごくシンプルなひとつ結び。

だけど、どの角度から見てもキレイなシルエットになるようにちょっとだけ工夫をしたものでした。その場で「コツを教えてほし

い」と言われ、「ただのひとつ結びなのにオシャレに見える方法」をお伝えしたところ、次の日からその方法で毎日出社しているといううれしい連絡が来たことがあります。

普段美容室にいらっしゃるお客様からは、

「凝《こ》ったアレンジはかわいいけど、朝はそんな時間ない……」

「挑戦してみても、思ったのと違う出来になる」

「会社には、おくれ毛たくさんのアレンジはしていけない」

という声が多いのも事実。

私自身、ヘアアレンジってたくさんの種類ができなくても、時間をかけずに簡単できて、なるべく夕方までくずれない「無敵アレンジ」がひとつできればそれでいいじゃないか！と思っています。

もちろん凝ったアレンジは華やかになるし、人と差をつけることもできます。でも、そのアレンジだって、「基本のアレンジ」の土台ができているかどうかで、完成形の仕上がりはまったく変わってきてしまいます。

インスタグラムを通して、「細かいコツが知りたい」「複雑な髪型は普段やらないので、シンプルな髪型を教えてほしい」というコメントをいただくことも多いです。

たとえば「くずす」というプロセスひとつとっても、〝こなれた感じ〟になるか〝疲れたおばさん〟になるかは紙一重。コツをつかんでいるのといないのとでは、見た目が驚くほど変わります。

すべての人に上手にアレンジしてもらうために、そんな〝コツ〟を丁寧に伝えたい。そんな気持ちから、この本を作りました。

鏡を見て〝上手にくずして、ゆるふわ完成〟って思っている人、それ、本当に大丈夫？　自分から見えるのは正面だけでも、周りの人からはサイドやうしろ姿も含め、あらゆる角度からばっちり見られています。後頭部がペッチャンコになっていたり、盛りすぎになっていたりしている人、結構多いですよ。

この本でお伝えするのは、どこから見られてもOKの全方位キレイなひとつ結びの作りかた。

難しいテクニックなしでも、時間がない朝でも、アレンジがうまくいかない不器用さんでも、簡単に再現できます。シンプルなひとつ結びでも、シルエットや質感にこだわるだけでグンとオシャレになれるって、きっと実感していただけると思います。

ヘアアレンジの幅が広がれば、お仕事も夜の飲み会も休日のお出かけも、今よりもっと楽しめるはず！

まずは基本のひとつ結び「ひとくせポニー」をマスターして、そんな楽しい毎日をスタートさせてみてください。

コツ次第でこんなに印象が変わる!

NGひとつ結び

ヘアゴム1本だけの「ひとつ結び」

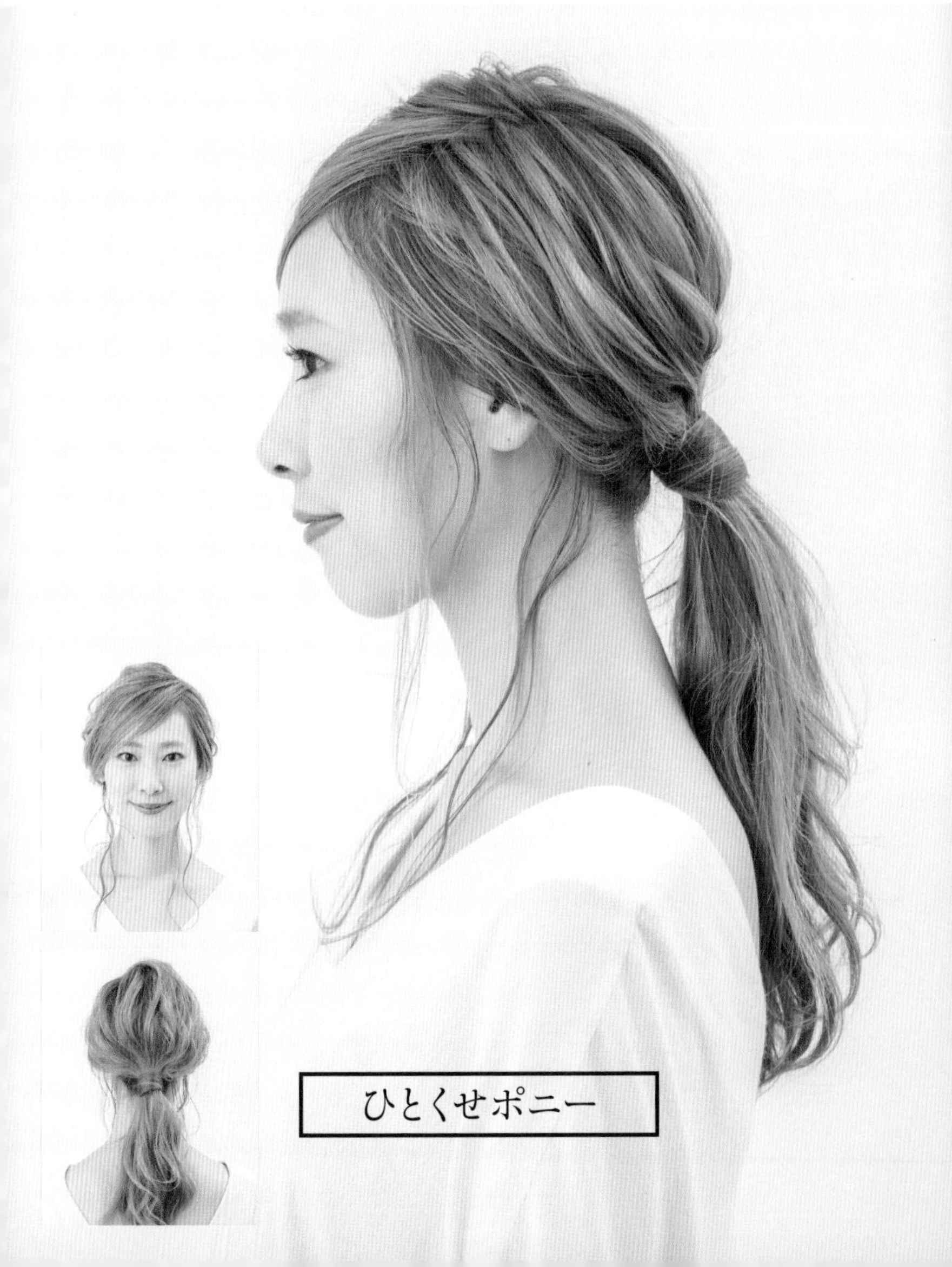

ひとくせポニー

CONTENTS

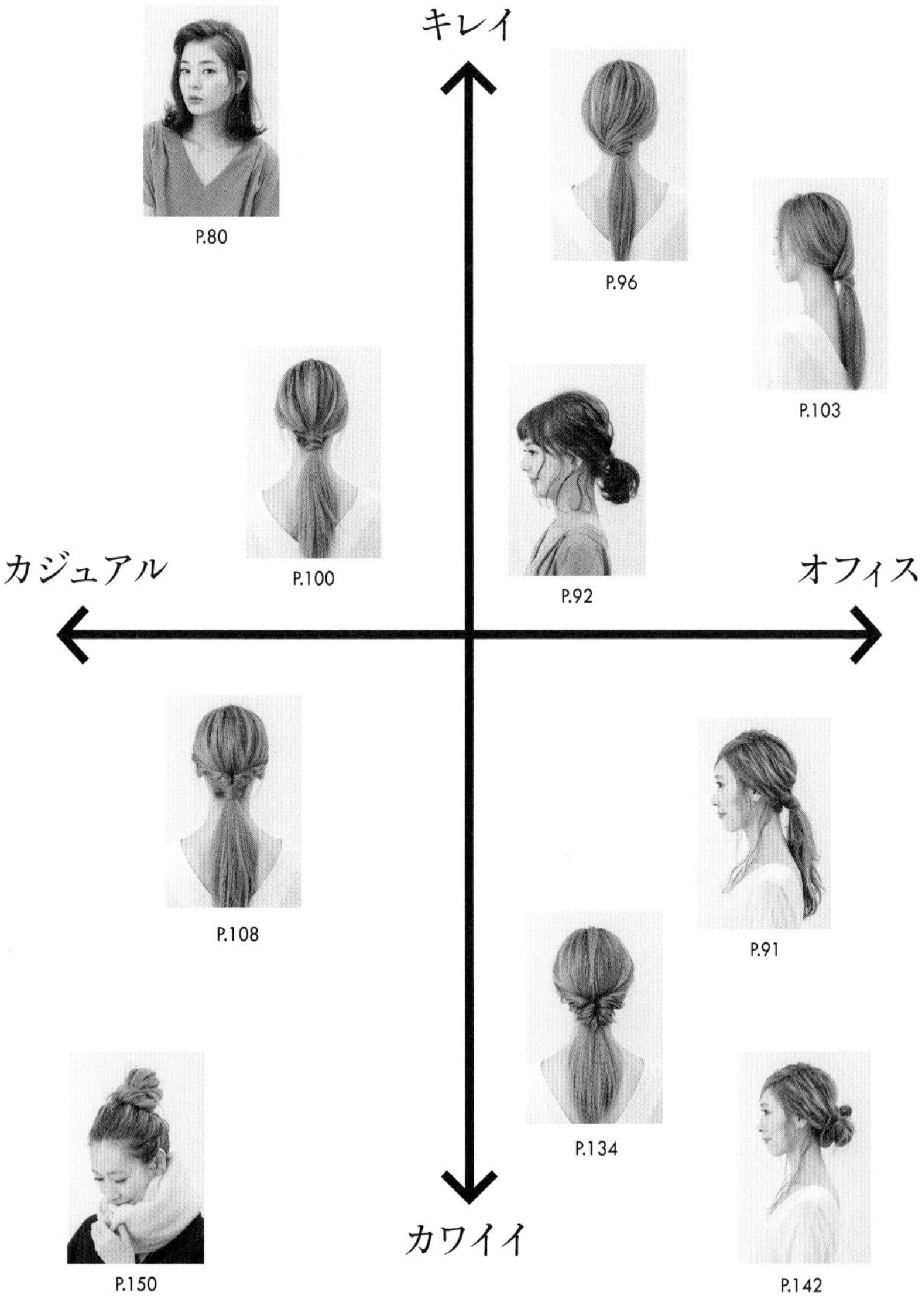
キレイ
カジュアル
オフィス
カワイイ
P.80
P.96
P.103
P.100
P.92
P.108
P.91
P.134
P.150
P.142

ロングのすっぴんヘア

FRONT

SIDE

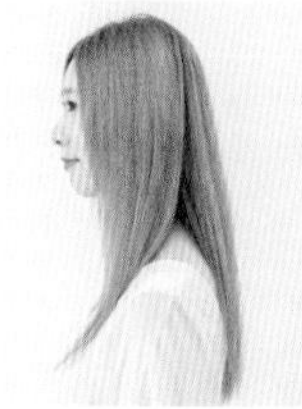

BACK

NGひとつ結び

ボブのすっぴんヘア

FRONT

SIDE

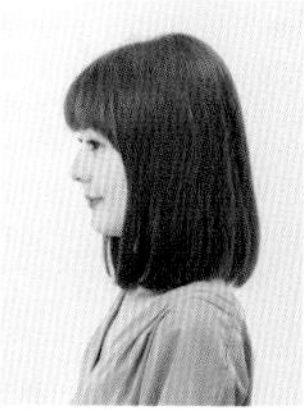

BACK

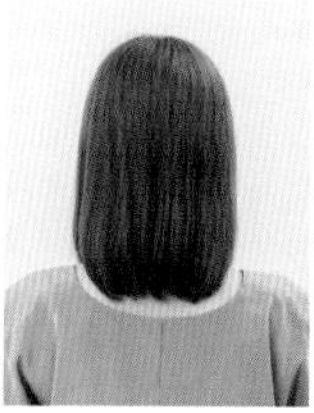

NGひとつ結び

用意しておきたいヘアグッズ

ヘアゴム

毛量が多い〜普通の人は上の布製のゴムがオススメ。毛量が少なかったり、不器用な人は、下のシリコンゴムがオススメ。

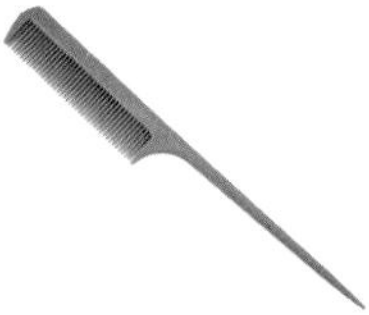

コーム

全方位キレイなシルエットを作るために必要不可欠なのが、コーム。100円均一ショップで売っているのでOK。

ピン

ピンを使うなら、下のスモールピンがオススメ。多毛、硬毛の人は、上のアメリカピンが安定しやすい。

スタイリング剤

夕方までシルエットをくずさないためには、スタイリング剤も大切なアイテム。量や種類を選べば、ベタつきも気にならない。

01

ヘアゴム1本
あれば
どうとでもなる

これぜーんぶヘアゴム1本のアレンジです!

ひとつ結び、シニヨン、くるりんぱ……どこに行っても恥ずかしくない無敵アレンジが、ヘアゴム１本だけでできるんです。

私の働いている美容室は、恵比寿と渋谷の中間くらいに位置するのですが、毎朝通勤していて気づいてしまったのです！

ヘアアレンジしている女性が、ほとんどいないことに。

だいたいの女性が髪の毛をそのままおろしているか、ひとつで結んでいたり、バナナクリップでとめている人が多く、たまに「くるりんぱ」している女性もいますが、それももうひと声な出来……。「みんな朝はやっぱり時間がないんだなぁ」と思って見ています。

でも面白いのは、帰宅時間になると、アレンジしている人が増えていること。

会社勤めしている友人に聞くと、朝は時間がないからそのままだけど、会社のトイレや最寄り駅で「それなりになるように」身支度しているそう。実際、デパートや駅などの女性のお手洗いって、いつもごった返していますもんね。

自宅ではない場所でアレンジするって、意外と大変。髪の毛を巻いていなかったり、ヘアアクセがそろっているわけでもなかったりするとできるアレンジも限られます。

ヘアアレンジの中でもいちばん簡単にできて身近なものと言えば、やっぱりひとつ結びですよね。

街中でもひとつ結びをしている女性をよく見かけますが、あとひと息という惜しい仕上がりの人が多いのも事実。「ここさえ変えたらもっとオシャレになるのに……！」と、思わず直したくなってしまいます。

簡単なのにオシャレに見えるコツは〝こなれ感〟。後頭部に高さがある美しいシルエットを作りつつ、ふんわりとしたゆるい質感に仕上げることが大切。力の抜けたラフな雰囲気が、大人の女性にピッタリのスタイルです。結ぶ高さや頭頂部のボリュームを調整することで、顔型や顔立ちを選ばず誰にでも似合います。

ふんわりしているのにくずれないのも「ひとつ結び」のいいところ。スタイリングの時点で長時間キープできるように工夫しているので、ハードなスプレーでガチガチに固める必要もありません。

どんなファッションでもスッとなじむ名脇役にもなれば、ちょっとしたコツやアレンジを加えるだけで主役級の華やかなスタイルにもなるので、スッキリまとめたいお仕事ヘアから雰囲気を変えたいお仕事終わりヘアにまで対応可能。

これさえ覚えておけばイイ女度を一気にアップできる最強のヘアアレンジです。

02

巻いてない、ワックスついてない「すっぴんヘア」だってキレイにまとまる

ヘアゴム1本さえあれば、小学生からご年配の方までできる№1お手軽スタイルが「ひとつ結び」。

使う道具は基本的にヘアゴム1本のみ。これなら、朝寝坊したとしても、駅や会社のトイレでササッと身支度できたり、夜に急な予定や飲み会が入ったとしても、ヘアゴム1本さえあれば、〝それなりに見える〟ように変身することだって可能なのです。

「あのコのひとつ結び、ただのひとつ結びなのに、なんだかオシャレ」と思われるには、本当の本当に簡単なコツを加えるだけ。

たかが「ひとつ結び」をとびきりかわいくさせるポイントは、「結びかた」や「結ぶ高さ」に「くずしかた」「ゴムの隠しかた」さえできればほぼ完璧。

それに加えて、「巻きかた」や「分け目の隠しかた」「つむじのクセの隠しかた」「ゴムの種類」などのゆるテクを身につければ、簡単なのに〝こなれた感じ〟や〝ヌケ感〟が出てきます。

私は、このひとつ結びを**「ひとくせポニー」**と呼んでいます。

この本では、「ひとくせポニー」や「ヘアゴム1本シニヨン」「上手なくるりんぱ」の作りかたをとことん細かく解説していきます！

03

「きっちりまとめない」のが
アレンジの要

ひとつ結びをするとき、どんなふうに髪を束ねていますか？ くずれないようにと、ブラシやコームを使ってしっかりと束ねているという人もいるかもしれません。きちんとそろったキレイめのポニーテールをしたいときはもちろんそれでいいのですが、今っぽさやこなれ感を出す「ひとくせポニー」では、ブラシやコームは必要ナシ。実は、無造作ヘアにするためには、手ぐしもあんまりオススメしません。ざっくり指を通すだけにとどめておきましょう。

髪の毛を束ねるときのコツは、下半分はしっかり、上半分はそーっと持つこと。

下半分はサイドやえりあしの髪の毛なのでタイトにまとめたい部分、上半分は頭頂部や後頭部にあたるので、ボリュームがほしい部分です。束ねるときから理想的なシルエットになるようにベースを作っておくと、あとがラクになります。

もうひとつのコツは、**束ねるときにアゴを上げておくこと**。

こうしておくとアゴを元に戻して正面を向いたときに、自然とえりあしが引っぱられて、キュッとタイトに仕上がります。イマイチなひとつ結びとアカ抜けた「ひとくせポニー」のいちばん大きな差は、こなれ感があるかどうか。あえてきっちりまとめず無造作にまとめておくことが、その第一歩になるのです。

04

誰でも似合う高さは「えりあし上5センチ」

「ひとくせポニー」は結ぶ高さによってイメージが違ってきます。これは、ポニーの高さを変えることで顔周りの毛流れが変わるから。低めの位置で結ぶと毛流れが下向きになるのでクールで大人っぽい印象に、高い位置で結ぶと毛流れが上向きになるので、アクティブで華やかな印象になります。

どの高さが似合うかは顔立ちや顔型によって変わってくるのですが、**誰でも似合うベーシックな高さはえりあし上5センチ**。

えりあし上5センチの高さはアゴから耳につながる美人ラインの上にあります。この**美人ラインの上にポニーを作るだけで、頭の形までよく見える**んです。

この位置は頭頂部から遠すぎないので、不器用さんでも頭頂部や後頭部にボリュームを作りやすいというメリットもあります。ポニーが下のほうにあると頭頂部から結び目までが長くなるので、後頭部のふんわり感をキープするのが難しくなってしまいがち。えりあし上5センチはまとめた髪の毛が落ちてきにくく、引き出した毛束もキープしやすいので、アレンジ初心者さんにも挑戦しやすい高さなんです。

その日の気分によって高さを変えるのもいいですが、迷ったらいちばんベーシックなこの位置に「ひとくせポニー」を作ってみるのがオススメです。

05

パックリ分け目が見えていると昭和臭があふれ出る

ひとつ結びと「ひとくせポニー」の違いは「分け目」にあります。

分け目がくっきりしすぎていると、とたんに時間が昭和に逆戻り。小中学生のときにしていたポニーテールのようでどこかアカ抜けないアレンジになってしまいます。

これをこなれ感のある「ひとくせポニー」にするには、分け目自体を目立たなくするのに加えて、分け目周りの髪をふんわりさせて立体感を出すのが大事。

このときあると便利なのが、100円均一ショップなどにも売っているコームなんです。

柄の部分を使って、分け目を横切るように素早くジグザグとなぞっていきます。**できるだけ細かく、幅広く〝ジグザグ〟するのが、分け目をうまく消すコツ**。

このとき回数が少なく大きいジグザグになりすぎると、もともとのクセが勝ってしまうので、うまく仕上がりません。スタート地点からゴール地点まで、なるべく多めの回数をテンポよくジグザグし

分け目がくっきりしていると、トップがペタンとして平面的な印象に。顔までのっぺりとして見えてしまいます。

てみてください。

手元にコームがない場合は、広げたピンの先端を使ってもOK。

ジグザグするだけでできるので、私はこの前髪を「ジグパート」と呼んでいます。

前髪に強いクセがある場合は「ジグパート」を作っても、やはりクセの方向に戻ってしまう毛束も出てきます。そのときは無理にクセを直そうとせず、そのままにしておきましょう。クセの強い部分はスタイリングをしても元に戻りやすく、かえってくずれの原因になってしまうからです。

もともとの分け目では、どうしてもペタッとしてしまうもの。「ジグパート」なら毛流れに反発して立ち上がる髪のおかげで、ふわっとした顔周りを作れます。

イヤな分け目は、コームをジグザグさせて消す。慣れると5秒もかからずできるうえ、すべてのヘアアレンジの基本になるワザなので、ぜひ覚えておいてくださいね。

06

ジグパートの作りかた

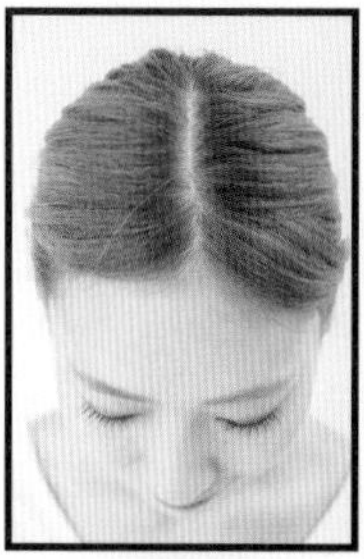

NG

イヤな分け目をひと手間で消すことができる「ジグパート」。「ひとくせポニー」だけでなく、すべてのアレンジの分け目消しに使えます。ゆっくりジグザグするより、素早くコームを動かすほうがキレイに仕上がります。慣れてきたら、スピードを意識してみましょう。

コームで中心を決める

分け目を消したい中心の位置を決めたら、コームの柄で分け目を横切るように〝ジグザグ〟となぞっていく。

できるだけ幅広く、細かくジグザグ

できるだけ幅広く、細かくなぞるのがコツ。こうすることでもともとのクセがうまく消えてふんわりと仕上がる。

ジグザグしていると髪の毛が乱れてくるけど、迷わず続けてみて。

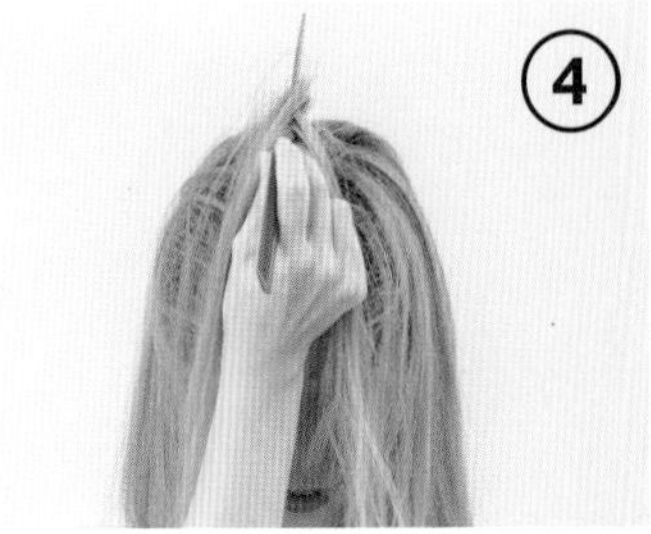

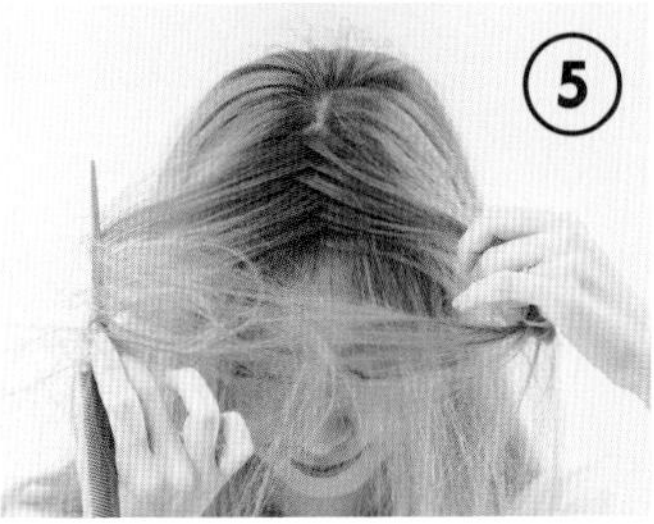

ジグザグにそって
髪の毛を左右に

最後まできたらコームを持ちあげて（④）髪を左右に割く（⑤）。クセで戻ってしまう毛束は流れを変えずそのままに。

完成

分け目からくずれてきやすい人や生え際の〝ピンピン毛〟が気になる人は、分け目にスプレーをひとふきして完成。

07

「奥の毛」を「髪の毛10本ずつ」引き出すのが絶対ルール

アレンジに無造作感をプラスしてくれる「引き出し」のプロセス。試してみてはいるけれど、時間がたつと引き出した毛束がペタンと寝てしまったり、ぐしゃぐしゃになってしまってふんわり感ゼロに……。夕方くらいにはこんなはずじゃなかった！というシルエットになっていたという経験はありませんか？

実はこれは、表面の髪ばかりを引き出したために起こる現象。

ふんわりしているのに長時間キープするには、「奥の毛」を引き出すこと。これがとっても大切なんです。

髪の毛は地層のようになっているので、奥（下層の髪の毛）から引き出すと、表面の毛束を支えてくれます。

これに対して、表面の髪の毛はいちばん外側にあるので、支えてくれるものが何もありません。朝にせっかく引き出した毛束が夕方にはたるんだりしてしまうのは、このためだったんですね。

もうひとつやってしまいがちな失敗が、一度にたくさんの髪の毛を引き出しすぎること。引き出す髪の毛の量が多いと、それだけた

1回に引き出すのは髪の毛10本程度が目安。思っているより少なめにつまんで。引き出した毛束のすき間から向こう側の景色が見えたら、ベストな引き出し加減。

おれやすくなってしまいます。

歩いている人の髪の毛をチェックしてみると、引き出している毛束の量が多すぎて、「くずしている」のではなく「くずれている状態」になっています。

引き出す目安は髪の毛10本分。

とはいえ1回1回数えるわけにもいかないので、「思っているよりも少なめ」と覚えておいてもらえば大丈夫です。10本ずつ、と意識して指先で無造作に毛束をとると、たいてい20本くらいはとっているものなんです。それがちょうどいい量になります。

毛束を引き出したら、サイドから合わせ鏡でチェックしてみましょう。このとき向こう側の景色が透《す》けて見えていれば、引き出し加減は合格。しっかりとこなれ感を出せていると思います。

このルールで引き出しをしてみると、「思っているより大げさに引き出したほうがいいんだな」ということがわかるはず。一度しっかりとチェックしながら引き出してみると、感覚がつかめますよ。

08

互い違いに引き出せば、すっぴんヘアでもふんわりに

「奥の毛」を「髪の毛10本ずつ」のほかにも、「引き出し」にはテクニックがあります。

「引き出し」をするときにとても大切なのが、毛束を引き出す位置。ただなんとなく引き出していると最終的に後頭部がボコボコの残念な仕上がりになってしまったり、〝盛りすぎ〟になってしまうことがあります。

「ひとくせポニー」では、巻いていないすっぴんヘアなのにパーマをかけたようなふんわり感を出すために、どこの毛束を引き出すかもしっかりと計算します。

ポイントは「互い違い」に引き出すこと。

これによってパーマでできたウェーブのような、ふんわりとした仕上がりになります。

このとき、引き出したい場所をダイレクトにつまんで引っぱり出すのはNG。この方法だと、その部分だけ不自然に飛び出したようになってしまうことがあるんです。

必ず**引き出したい部分の少し上から指を差し入れる**ようにして、**「髪の毛10本分」の毛束を後頭部に対してスーッと水平**に引き出しましょう。

ただし、結び目付近の髪の毛は、ゴムによって強く引っぱられているので、水平には引き出しにくいと思います。この部分は髪の毛が引っぱられている方向と逆向き、つまり頭頂部に向かってそっと引き出すようにすると、うまくいきますよ。

この「引き出し」テクニックをマスターすれば、かたい髪の毛やまっすぐな髪の毛、黒髪などのダークカラーでもパーマをかけたようにふんわりとやわらかく見せられるようになります。

「髪質がよくないからアレンジしてもどうせかわいく仕上がらない」とあきらめる前に、ぜひ試してみてください。

09

引き出しの作りかた

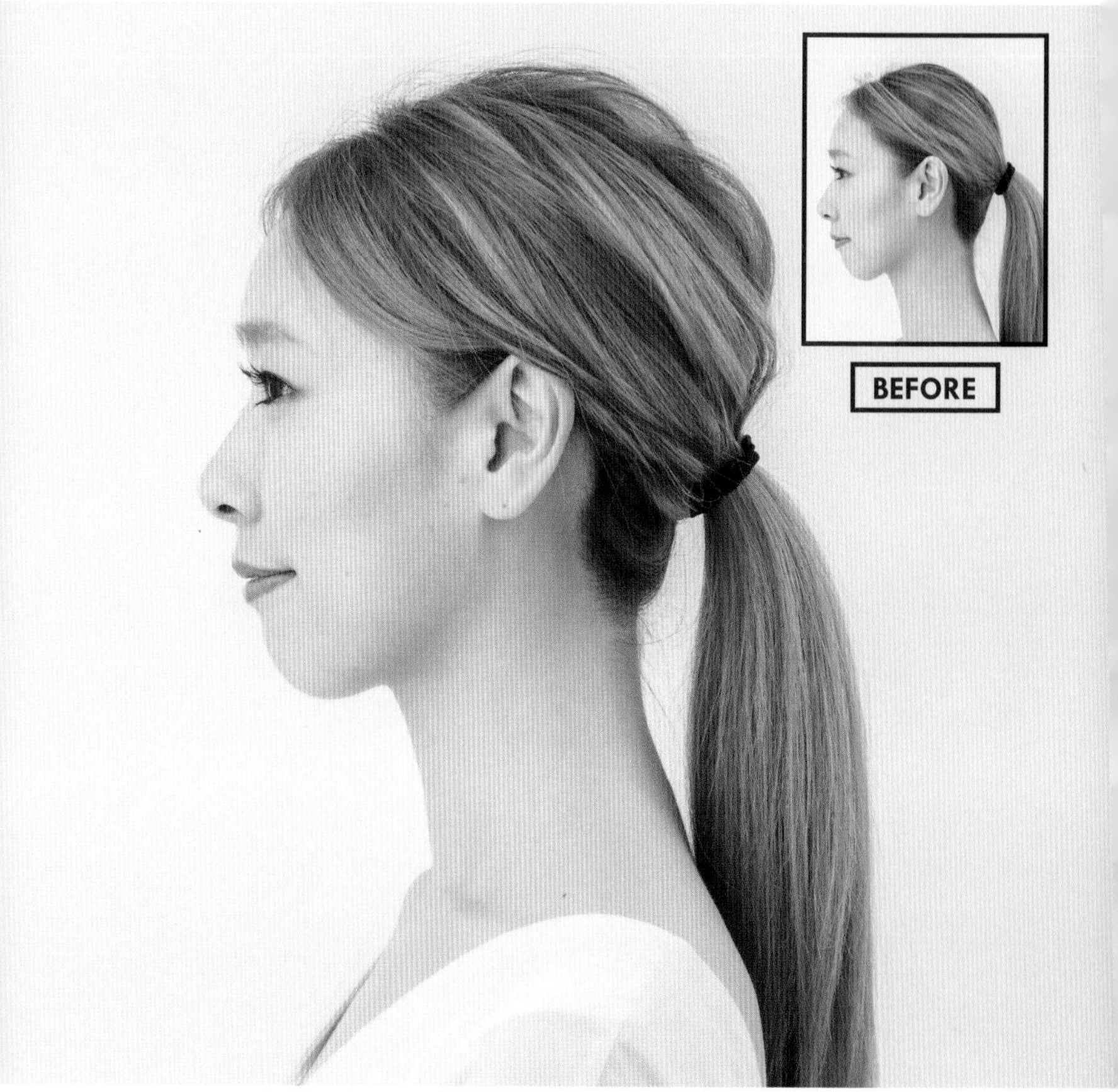

BEFORE

コツがわからないと、ぐちゃぐちゃな後頭部になっていたり、逆に引き出しすぎて盛りヘアになりがち。引き出す位置をしっかりと計算すれば、パーマをかけたようなキレイなウェーブの出来上がり。

奥の毛から
10本ずつ

髪は少なめにつまんで、奥のほうから引き出して。引き出した毛束のすき間から向こう側の景色が見えたら、ベストな引き出し加減。

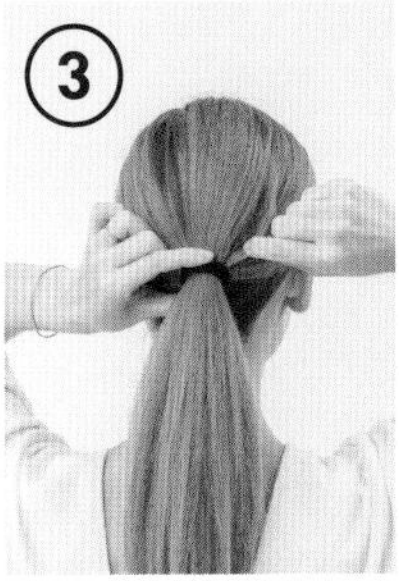

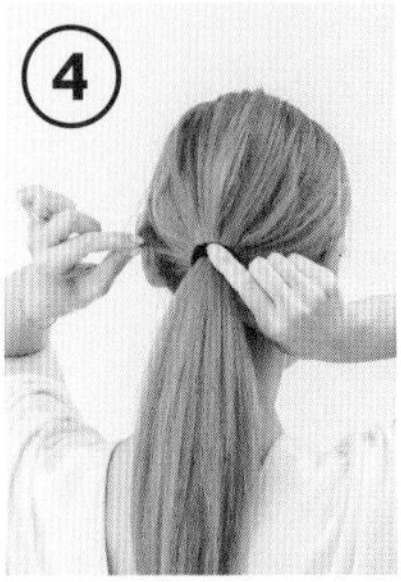

指1本分ずつの
間隔で引き出す

片手でゴムを押さえながら、結び目近くの毛束をゴムの引力に逆らうように引き出して。そのまま指1本分ずつ間隔を置いて反対側まで続ける。

引き出したい部分のちょっと上から指を入れる

さっき引き出さなかった「指１本分」の部分を引き出す。後頭部のいちばん出てほしいところにふくらみがくるように意識して。

完成

両耳下もきちんと引き出して完成

最後に両耳下の毛束を引き出す。結び目近くの毛束を顔方向に向けて引き出して。ほかの部分よりも少し控えめに引き出すとGOOD。

10

「ひし形」になるように
頭頂部とサイドを引き出す

POINT

顔の大きさ自体はそんなに変わらないはずなのに、髪型によってもっさりとしたデカ顔に見える……。こんな経験、みんな一度はありますよね。

特に「引き出し」をすると頭が膨張して、かえって顔が大きく見えてしまうというお悩みをよく聞きます。

「引き出し」でデカ顔になってしまう原因のひとつは、頭頂部やサイドを引き出すときにバランスをうまく調整できていないこと。

ボリュームを持たせるべきところで引き出し加減が足りていなかったり、反対にタイトにしておいたほうがいいところを引き出しすぎてしまったりすると、顔型まで悪く見えてしまいます。

小顔に見せるには「引き出し」をするとき、顔全体のシルエットが、正面から見てひし形になるように意識してみてください。

具体的には頭頂部の髪の毛（写真で私が手で囲っている部分）を重点的に引き出し、サイドは顔型に合わせて引き出し加減を調整すること。

こうすれば、自然と頭の形がひし形になり、どんな人もバランスよく整った顔型に見えるんです。

11

耳まわりの絶妙な透け感が「イイ女」感を作る

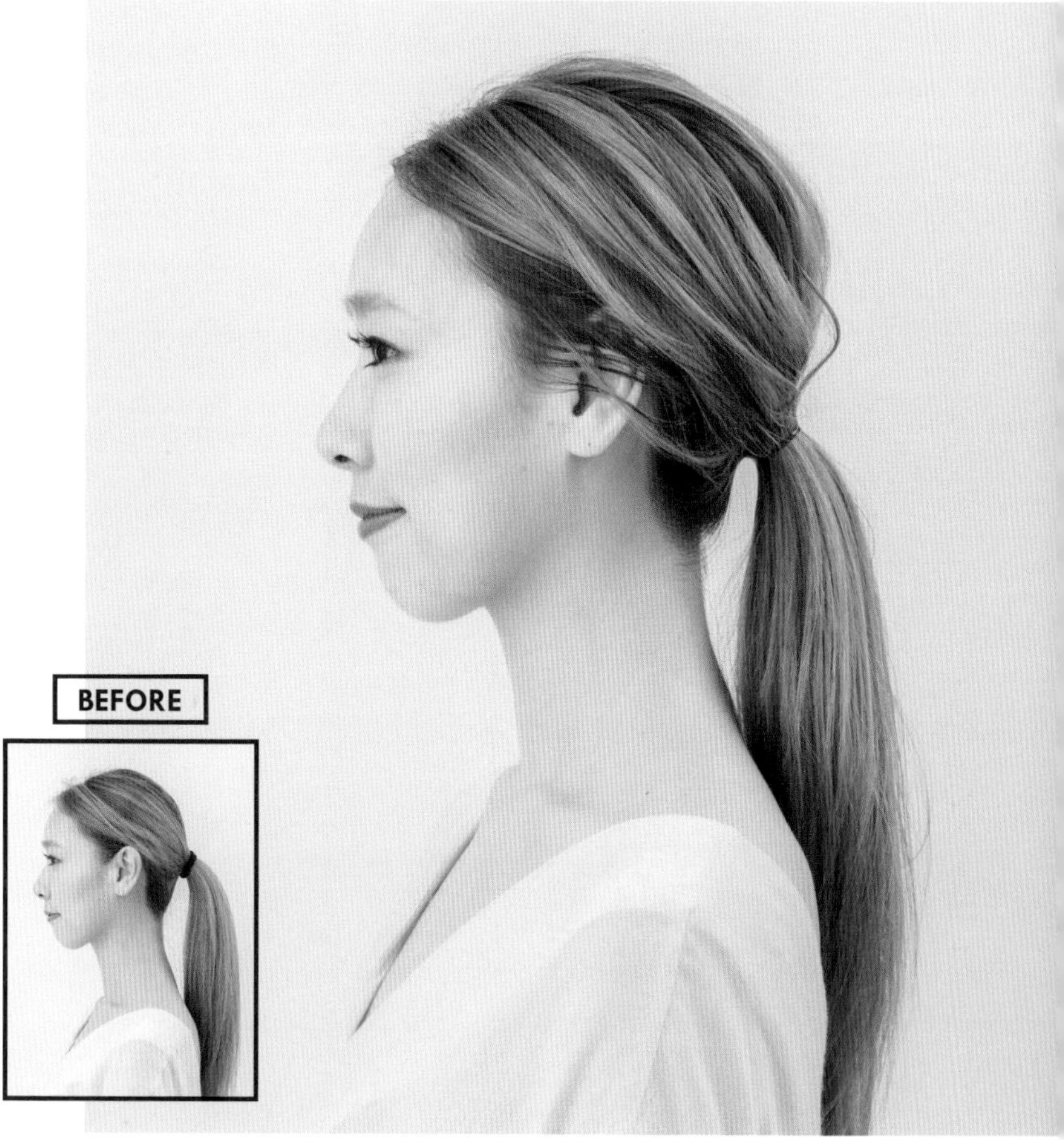

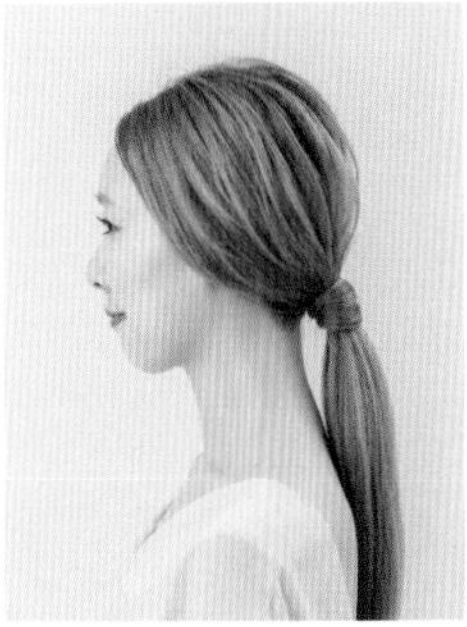

耳を「全隠し」

サイドの髪を引き出すときに注目してほしいのが、耳上の毛束。ここをどのくらい引き出すかで、かなりイメージが変わってくるんです。誰にでも似合うベーシックなバランスは、さりげなく耳にかかるくらい。

こうして**耳を「ちょい隠し」するだけで、横顔の美人度がグンとアップ**します。うまく仕上げるコツは、束ねる段階で耳に毛束をかぶせてから結び、耳上にのっかっている毛束の内側から控えめに引き出してあげること。こうすると手ぐしでざっくりとかしたような、こなれ感のあるシルエットになります。耳が立っている人は、あらかじめ耳に毛束をかぶせてから、キツめに結ぶのがポイント。そうすることで、どんな耳の向きでもこのシルエットを手に入れることができます。

このほか下のほうまで耳を隠せば、しっとりとモードで上品な印象を作ることができます。「全隠し」は引き出しだけではキレイに仕上がらないことも多いので、一度ポニーをほどいて毛流れを整え直すのがオススメです。ウェットな質感のスタイリング剤を使えばさらにオシャレな雰囲気になります。

12

ゴムは見せないのが基本

残念なポニーの原因でいちばん多いのが、結び目が隠れていないこと。いくらキレイに結べていても、ゴムが見えているとどこかアカ抜けない印象になってしまいます。アレンジをしたら、最後に必ずゴムを隠すのを忘れないようにしましょう。

やり方は簡単で、ポニーから人さし指1本分くらいの毛束をとって結び目に巻きつけるだけ。できるだけ根元にキツく巻きつけるように注意して、ゴムをしっかりと隠してみてください。最後まで巻きつけたら、結び目のゴムを少し引っぱって毛先を入れ込みます。ほとんどの人が忘れがちなプロセスが、**巻きつけた毛束をならして少し下に広げる**こと。これをすることで時間がたってもゴムが見えることはありません。

髪の毛が多くて毛束をうまく入れ込めないという人は、もう1本ゴムを使ってもOK。毛先をポニーとなじませて巻きつけた毛束の少し下をゴムで縛ったら、ポニーの両端の髪の毛を少しずつとって左右に引っぱります。こうすることでゴムが巻きつけた毛束の中に隠れ、キレイな仕上がりになります。

ボブやミディアムなど髪が短めの人は、毛束が結び目を一周できずにうまく隠れないかもしれません。この場合はポニーを作る前に片耳のうしろの毛束を残しておき、この毛束を結び目に巻きつけるようにするとGOOD。

13

基本のゴムかくし

指1本分の毛束をとる

人さし指をゴムに通したら、指1本分の毛束を同じ手でとる。

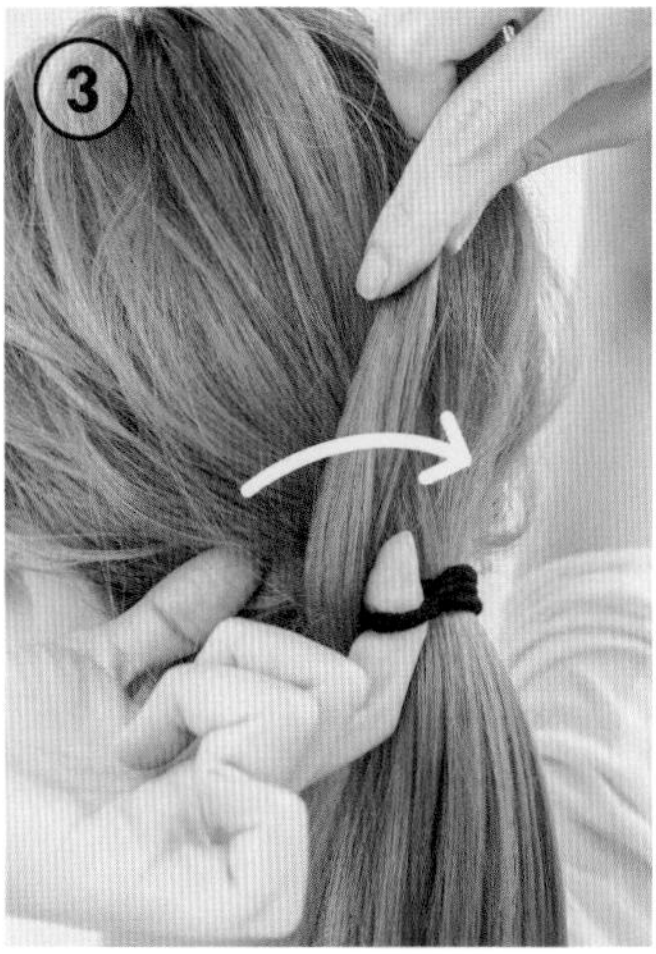

結び目に毛束を巻きつける

毛束を結び目を隠すように巻きつけていく。出来るだけ地肌の近くにしっかりと巻きつけて。最後は毛先が下を向くように。

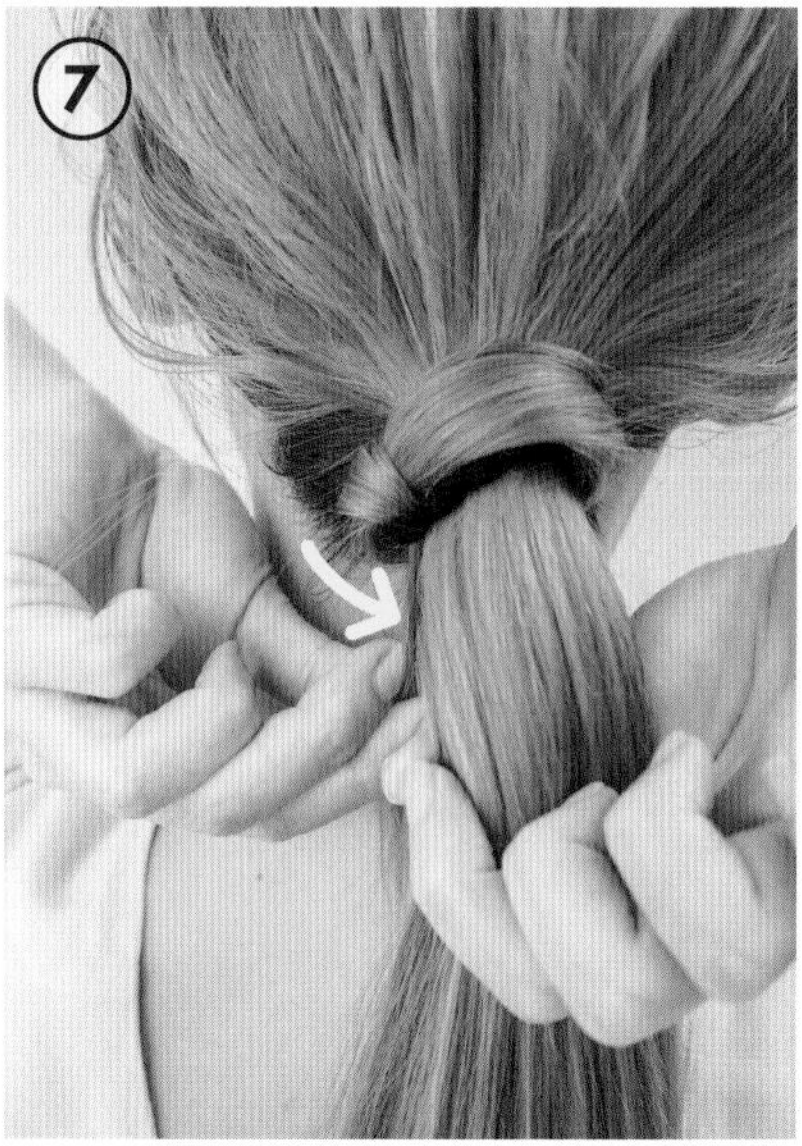

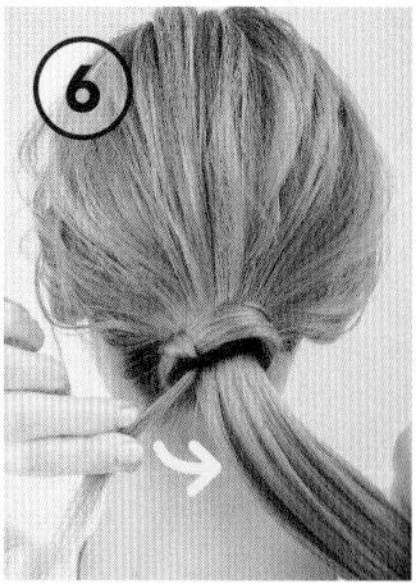

毛先をゴムに入れ込む

毛先をゴムに入れ込み下に持っていって
ポニーの内側にしまい込む。

完成

巻きつけた毛束を下に広げて完成

結び目に巻きつけた毛束を下に向かって広げる。こうすることで巻きつけた毛先がポニーにうまくなじむ。

14

ピンとした毛先を固定
ヘアゴム2本でゴムかくし

毛量が多かったり、内側の毛が短かったりすると、ゴム1本ではズレたり、毛先がピンと出てきてしまいがち。こんなときはもう1本ゴムを使って、しっかりと毛先を固定して。2本目のゴムはシリコンゴムを使うのがポイント。

飛び出た毛先ごともう一度結ぶ

シリコンゴムを用意して、飛び出した毛先ごとしっかりと結ぶ。

完成

左右に引っぱる

仕上げに毛先を左右に引っぱると自然にゴムが引き上がり、巻きつけた毛束の中に隠れていく。最後に「基本のゴムかくし」同様、結び目に巻きつけた毛束を下に向かって広げて完成。

15

髪の毛が短くても大丈夫
ボブでもゴムかくし

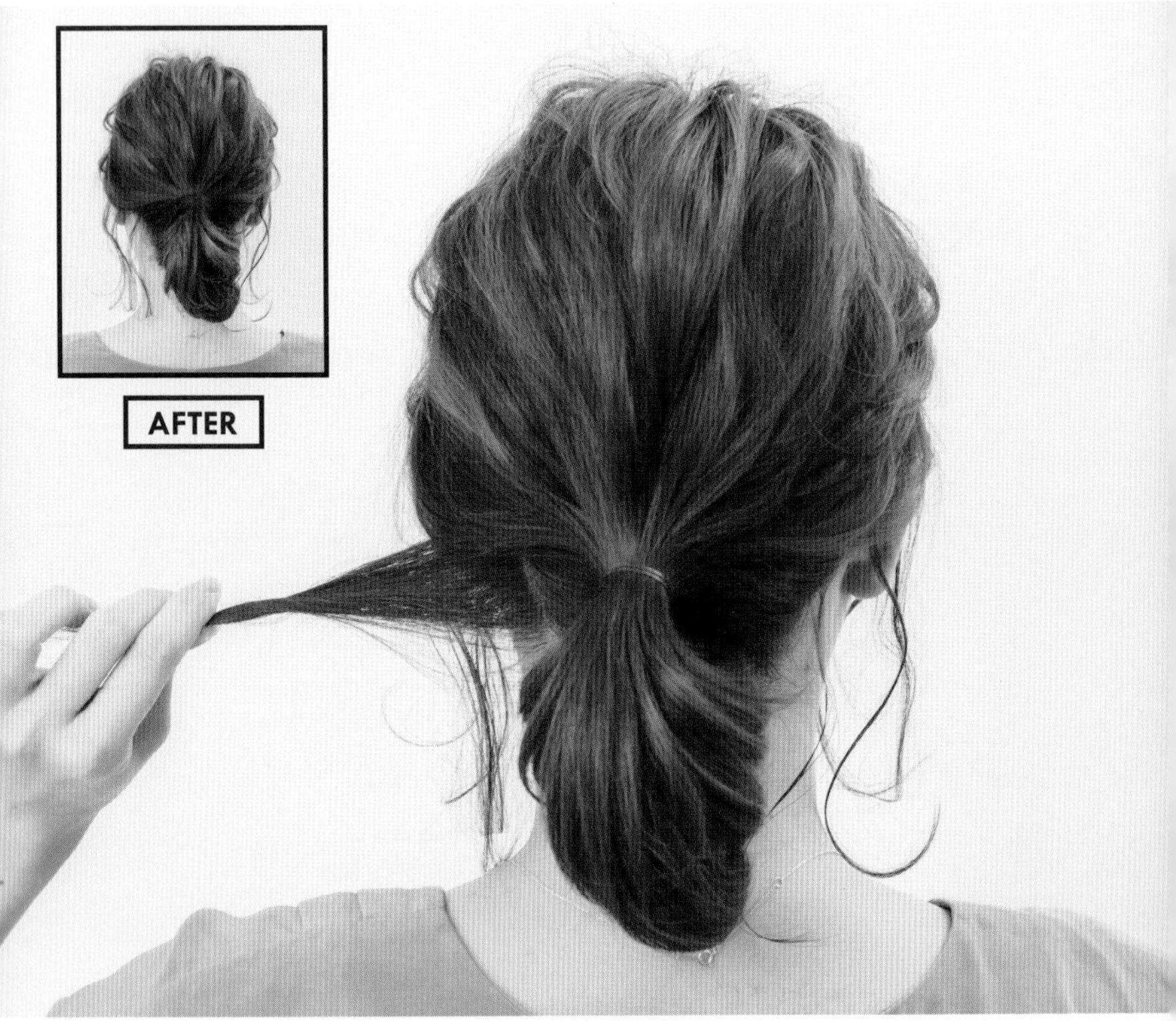

髪の毛が短いと「基本のゴムかくし」の方法では、髪の毛が足りず、ゴムの周りを１周できないことも。その場合はゴム２本でゴムかくしをしてみて。方法は簡単。あらかじめ髪をまとめる前に片耳のうしろの毛束を残しておきましょう。

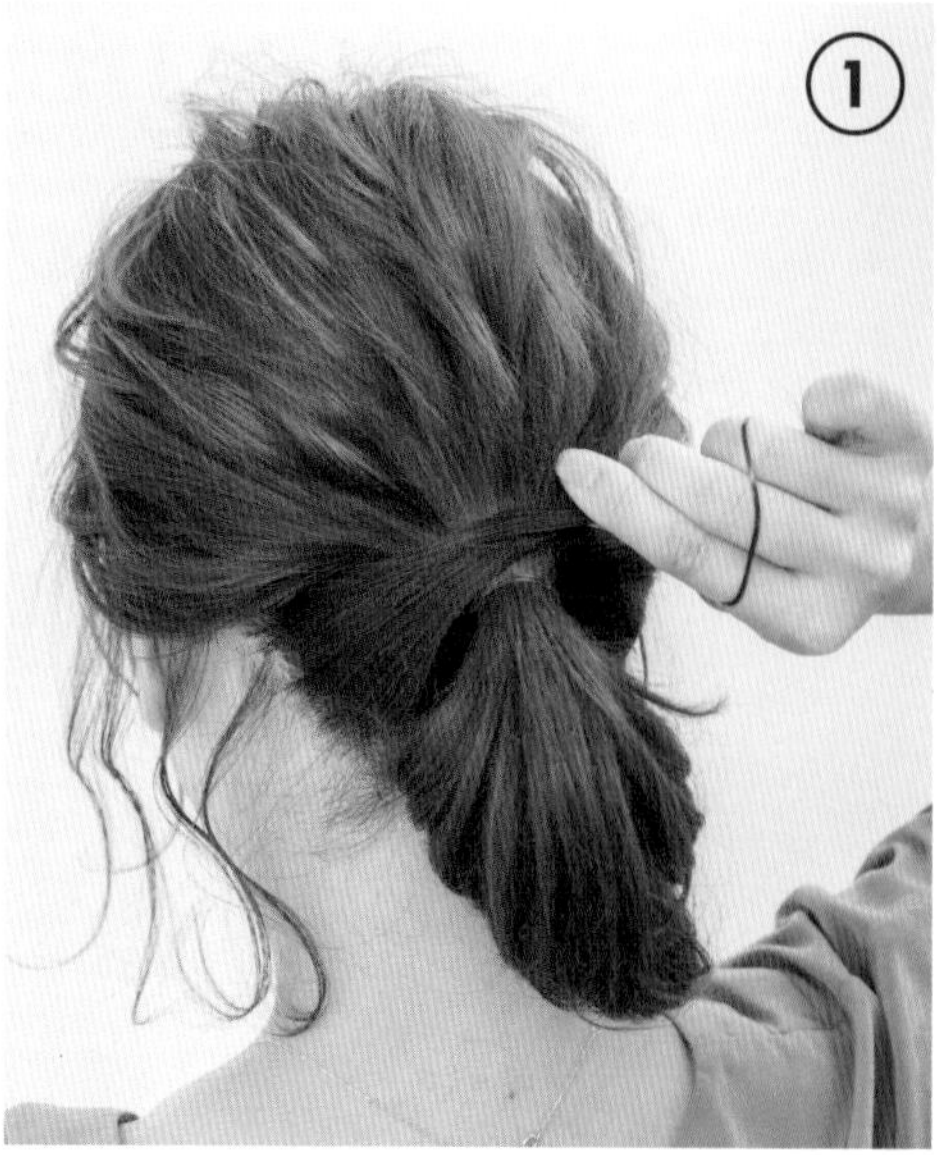

残した毛束を ぐるっと巻きつける

残しておいた毛束をゴムに巻きつけると、結び目がうまく隠れる。1周したらシリコンゴムでキツく結わえる。

毛先を左右に 引っぱる

毛先を左右に引っぱると自然にゴムが引き上がり、巻きつけた毛束の中に。最後に結び目に巻きつけた毛束を下に向かって広げて完成。

16

外国人風の丸い後頭部はたったの100円で作れる

ペタンコの後頭部は、日本人に多い頭の形です。いわゆる絶壁を気にしている人、とっても多いですよね。

後頭部の丸みは、キレイなシルエットの必須要素。この部分にボリュームがないと「引き出し」をしてもふんわり感が出にくく、アレンジをしてもいまひとつな仕上がりになりがちです。でも大丈夫。外国人みたいなボリュームのある後頭部は、アレンジで簡単に作れるんです。

実は私自身も頭の形がとってもコンプレックスで、この「後頭部の丸み」をアレンジで作っています。コツをつかめば、もともとの頭の形は関係なし。どんなに絶壁でも、生まれつきそうだったかのような丸みを出すことができます。

高さを出したいのは、**アゴと耳上のいちばん高い部分を結んだライン上部分**。「引き出し」をする前にこの部分にボリュームを作っておきましょう。使うのは「ジグパート」（P.30）のときにも出てきた、１００均のヘアコームです。

合わせ鏡で位置を確認しながら、髪の毛をすくうようにコームの柄をさします。たくさんの髪の毛をすくえるように、できるだけ地肌の近くを通すように意識してみてください。

コームをしっかりと通せたら、そのまま上に引き上げて髪の毛を引き出します。このとき、左手は結び目に添えましょう。十分にボリュームが出たと思ったら、そのまま弧を描くように、コームを結び目に向かっておろします。

次にボリュームを出した部分の少し上にコームをさし、同じ手順をくり返します。2段階に分けて引き出すことで、後頭部の丸みのベースがしっかりとでき、あとから行う「くずし」がラクになるんです。

コームが手元にないときは、指を使ってもOKです。指はコームに比べると短いので、位置がズレないように注意しながら左右から2回に分けて行いましょう。いつものひとつ結びとはまったく違う素敵なシルエットに、きっとビックリしますよ。

17

まぁるい後頭部の作りかた

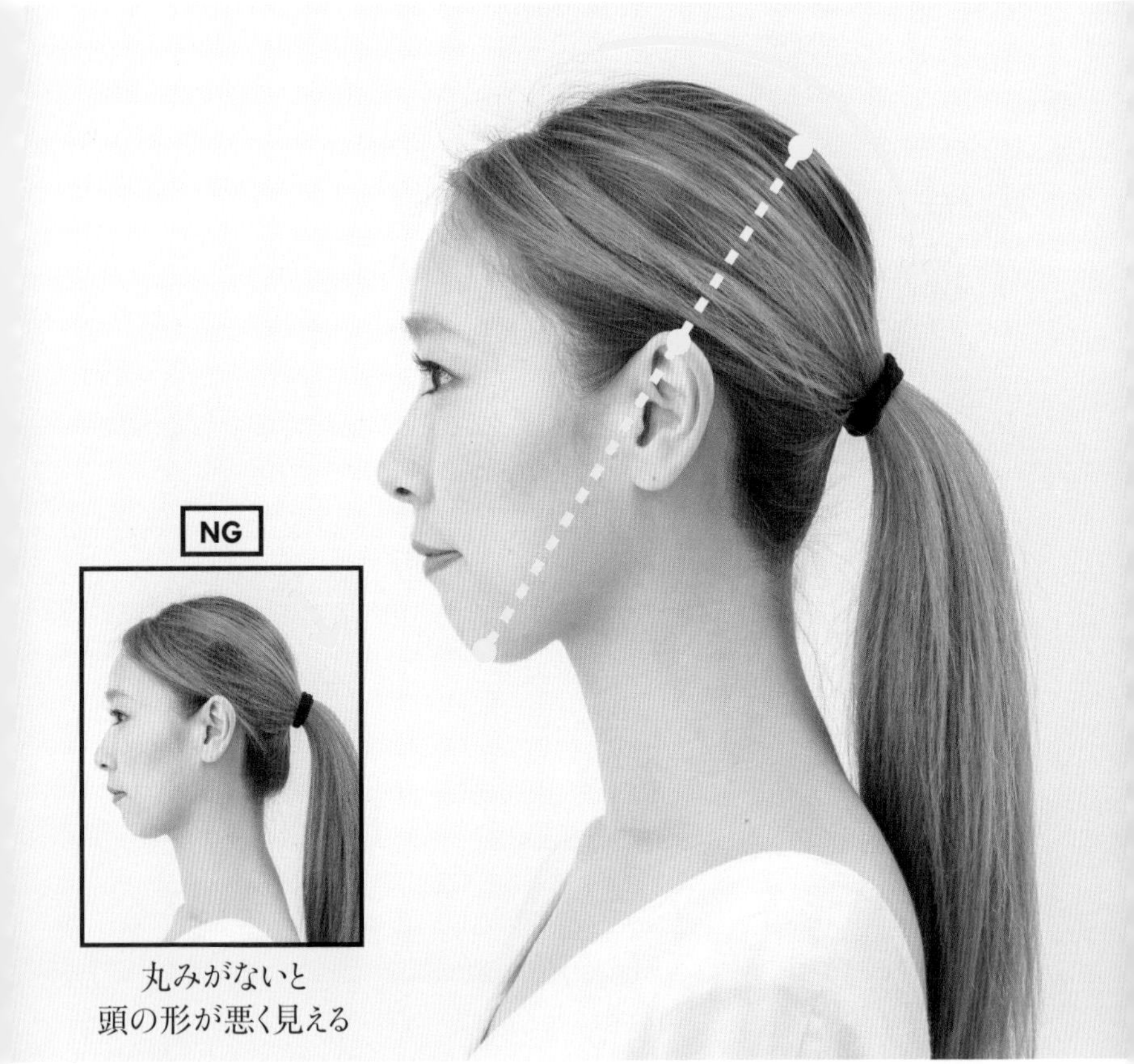

後頭部に丸みがないと、ペタンとして幼い雰囲気に。全体のシルエットもあまり美しくありません。外国人のような後頭部の丸みは、コームで髪の毛を引き出しておくと簡単に作ることができます。合わせ鏡でチェックしながら、ベストな位置にボリュームを作りましょう。

丸みを作りたい
位置にコームを通す

いちばん高さを出したいのは、アゴと耳上のいちばん高い部分を結んだライン上。ここに、コームの柄を通す。できるだけ地肌に近い部分にさし込んで。

コームで髪の毛を
引き出す

コームを上に引き上げて髪の毛を引き出し、そのまま弧を描くようにコームを結び目に向かっておろす。

少し上の髪の毛も引き出す

先ほど引き出した部分の少し上にコームを通し、同じ手順をくり返す。２段階に分けて引き出すことで、仕上がりがよりキレイに。

完成

片方の手をゴムに添えたまま、そっとコームを引き抜けば、キレイな後頭部の完成。

コームがないときは、指でOK!

コームが手元にないときは指を使ってもＯＫ。
位置がズレないように注意しながら左右から
２回に分けて行う。

18

ピンは使っても見せない

× 

○ 

アレンジの幅をグンとアップさせてくれるのが「ピン」。アメリカピンやスモールピン、玉つきピン、Uピンなどなど、さまざまな種類のものが市販されていますよね。でもこのピン、選び方を間違えるとアレンジが一気にダサくなってしまうコワい存在でもあるんです。

アレンジしているとき、うまくまとまらなかったり、髪の毛が落ちてきたりするたびに、次から次へとピンをさして、気づいたら、頭に相当数のピンがささっていたことありませんか？

ピンを使うなら、まずは外から見せないというのが大原則。

私もできるだけ目立ちにくい、細くて短いものを選んでいます。アレンジによってはピンを見せることもありますが、その場合はゴールドピンなどの色のついたものや装飾をしてある〝見せる用〟のものを使っています。

オススメは、玉のついていないスモールピン。

髪の毛にしっかり隠れるのはもちろん、短いぶん丸い頭の形にそいやすいので、とめたピンがはねかえってくるのも防げます。

細くて短いピンだと髪の毛がしっかりととまらないいんじゃないかと不安になるかも

しれませんが、大丈夫。

実は**ピンにはさむのは、とめたい毛束の半分でいい**んです。最小限の髪の毛をはさんでおきさえすれば、長時間たっても落ちてくることはありません。どうしてもスモールピンでは難しいという多毛の方はアメリカピンを使って同様のとめかたをすればOKです。

「ピンがうまくとめられない」と悩む人の大半が、少しでもしっかりとめたいと毛束全部をはさもうとしています。これではピンが本来とめられる量の限度を超えてしまっているので、落ちてきても仕方ありません。ピンを使うアレンジのときは「スモールピンで最小限の髪の毛をとめる」を絶対ルールにしましょう。

でも普通にとめるだけではピンが外から丸見えになり、オシャレ感が半減してしまいます。こんなときは、しっかりとまるのに外からは見えない「隠しピン」のテクニックを使ってみてください。

はさむのは、ねじった毛先の表面にきている髪の毛です。この部分の髪の毛が毛束全体を支えてくれているので、半分しかとめなくても大丈夫というわけ。はさむ髪の毛の量が少ないので、むしろ安定感が増します。

19

外から見えない「隠しピン」のテクニック

ピンが外から見えないようにするだけで、アレンジが断然アカ抜けて見えます。ピンにはさむ毛束の量は、とめたい毛束全体の半分。こうすることでピンがしっかりと隠れるのはもちろん、ホールド力もアップします。

毛束をねじる

まず、とめたい毛束を外側に向けてねじる。ピンをとめる位置をあらかじめ決めておき、そこに向かってねじるのがコツ。

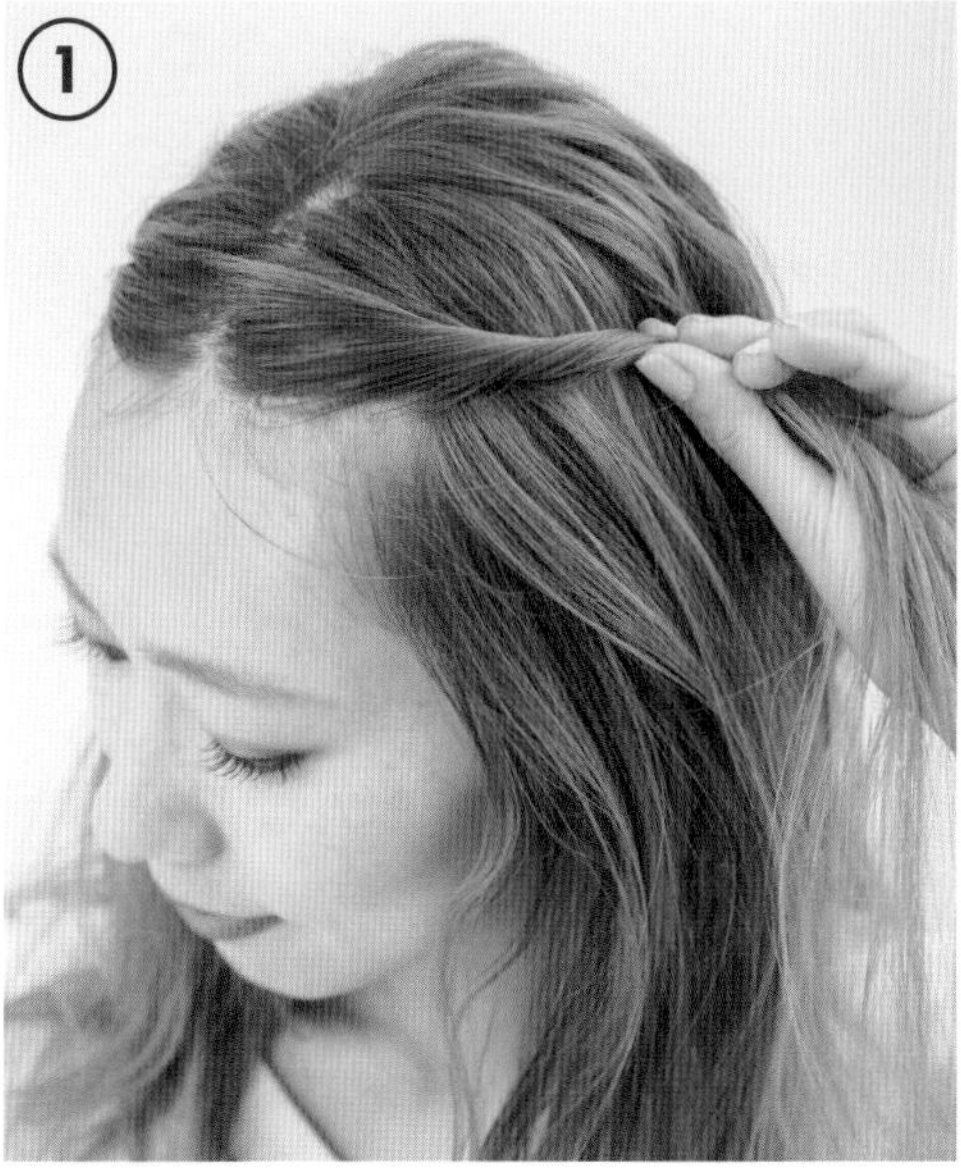

毛束をピンではさむ

上側にきている少量の毛束だけをピンですくう。下半分の毛束は上半分の毛束におさえられているので、ピンではさまなくても落ちてこない。

ピンをさす

ピンの先を地肌と垂直に立てる(③)。その後、ねじった毛束の下にピンがいくように注意しながらピンを倒し(④)、ねじり始めた場所に向かって平行にピンをさし込む。できるだけ地肌に近い髪にさし込んで。

ピンを隠す

ピン全体が外から見えなくなるまでねじった毛束に対して平行にさし込んで完成。最小限の毛束のみはさむことでピンの〝お尻〟の部分が外から見えず、キレイに。

20

前髪のアレンジ次第で雰囲気はガラリと変わる

ちょっとイメチェンしたいときに使ってほしいのが、前髪のアレンジ。分け目の位置や毛先の処理方法によって印象がガラリと変わります。

印象を変えるのは「おでこの肌色の割合」。おでこの肌色が多く見えるほど明るく、少なくなるほどナチュラルでやわらかい印象になります。

センターパートに前髪を分けると華やかでスッキリとした印象になるのは、おでこがよく見える髪型だから。サイドに添うように髪がおりるので、頬骨を隠して小顔に見せる効果もあります。

これに対して前髪を9：1に分けて毛先を流すと、おでこが隠れて女性らしくやさしい雰囲気に。同じ9：1の分け目でも、ピンでとめておでこを多く見せれば明るい印象に変わります。

前髪の量も印象を左右する大事な要素です。薄いほどおでこの肌色が見えるので、明るい印象になります。いつも厚めに前髪をおろしている人は、髪を少しとってピンでとめるだけでもOK。反対に前髪が少ない人は頭頂部のほうから髪の毛を持ってきてかぶせてみると、前髪が厚く見えてイメージが変わりますよ。

21

キレイに見える前髪の黄金比は入口「7:3」出口「8:2」

ピアス：chunsato @tyunko（Instagram）

クセで自然に分かれるところでなんとなく前髪を分けているという人も少なくないはず。でも、前髪は顔全体の印象を左右する重要なパーツ。特に前髪の分け目は、少し位置がズレるだけでもイメージがまったく変わってきます。自分に似合うバランスをしっかり見極めておくことが大切です。

センターパートや9：1、7：3などいろいろな分け方がありますが、誰にでも似合う黄金比は「8：2」。自然に流れた前髪のすき間から少し見えたおでこの肌色が抜け感をプラスし、顔立ちや顔型を選びません。左右どちらにも適度に髪が残るので、小顔効果も期待できます。

ただし単純に「8：2」に分ければいいというわけではありません。**分け目を作るときは「入口7：3、出口8：2」**にするのがコツです。おでこの生え際は「7：3」、つむじ付近は「8：2」になるようになめに分け目をとると、ただまっすぐに分け目を作るよりも奥行きが出て、立体感もアップするんです。

このあと分け目をコームで〝ジグザグ〟して「ジグパート」を作れば、分け目自体もふんわりとしてさらにこなれた雰囲気になりますよ。

22

前髪アレンジで大事なのは正面よりもサイド

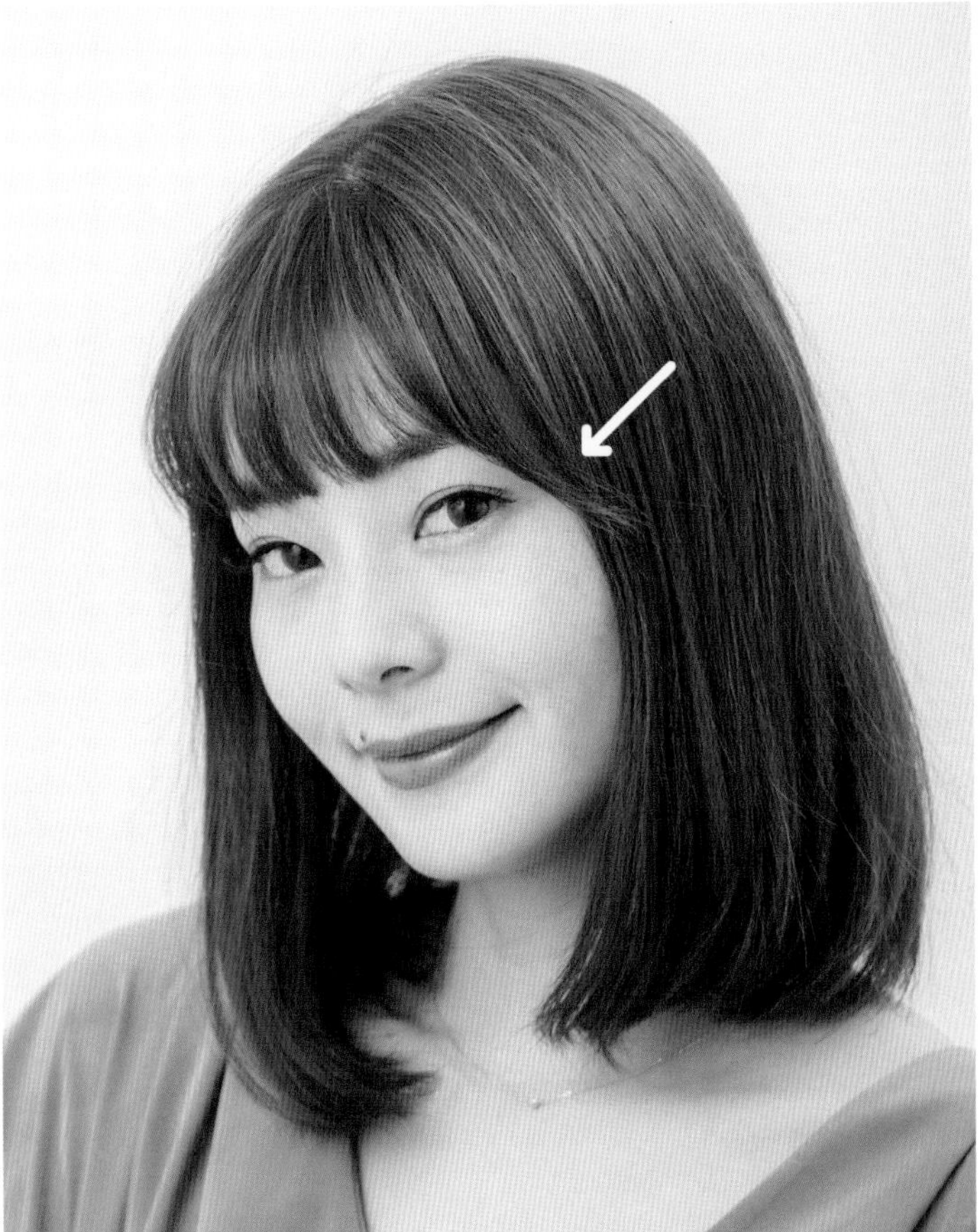

段差の少ないいわゆる「ぱっつん前髪」の人も、毛流れに動きがあったほうが今っぽい印象になります。

前髪をおろしたスタイルでも、おでこをちょっと見せるのがかわいく見せるコツです。そのままおろすと重くなりがちな前髪に抜け感が出て、イイ女感がさらにアップします。ほどよい抜け感を作るには、ストレートアイロンを少しななめに持って前髪を巻くのがポイント。**分け目付近は巻きが強め、サイドに近づくほどに巻きがゆるやかになり**、少しだけ見えたおでこの肌色が軽さをプラスしてくれます。

おろした前髪の下からコームの柄を使ってすき間を作るのも、抜け感を出すのに大事なプロセスです。鏡を見ながら何度かさし込んで、自分の顔立ちや顔型に似合うベストな抜け感に調整しましょう。

忘れがちだけど重要なのが、前髪のすぐ横の毛束。ここがまっすぐのままだと、〝おかっぱ〟のような幼い雰囲気に。少し外に流しておくだけで、前髪とサイドの髪が自然につながって小顔に見えるうえに、目元の表情も際立ちます。方法は簡単で、前髪を巻き終わったら、そのすぐ横の毛束をストレートアイロンにはさみ、サイドに向かってスライドさせるだけ。左右どちらも行いましょう。

23

前髪美人の作りかた

コームで全体を整える

コームで前髪をとかし、全体の毛流れを整える。

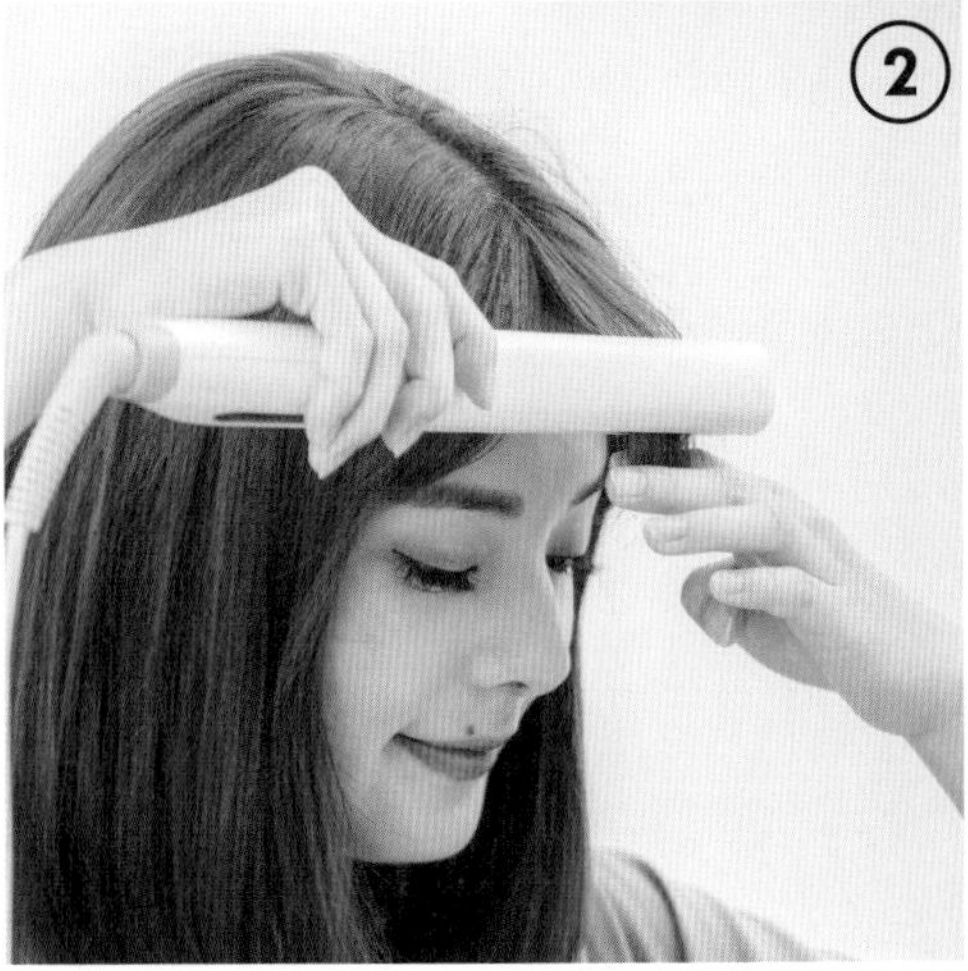

前髪を内巻きにする

ストレートアイロンで前髪の根元をはさむ。アイロンの角度は、前髪をはさんだ指と平行になるように。そのまま手首をくるりと回して内巻きを作る。

前髪のすぐ横の毛束をサイドに流す

前髪のすぐ横の毛束をストレートアイロンではさみ、内巻きにしながらサイドに向かってスライドさせる。左右どちらも行って。

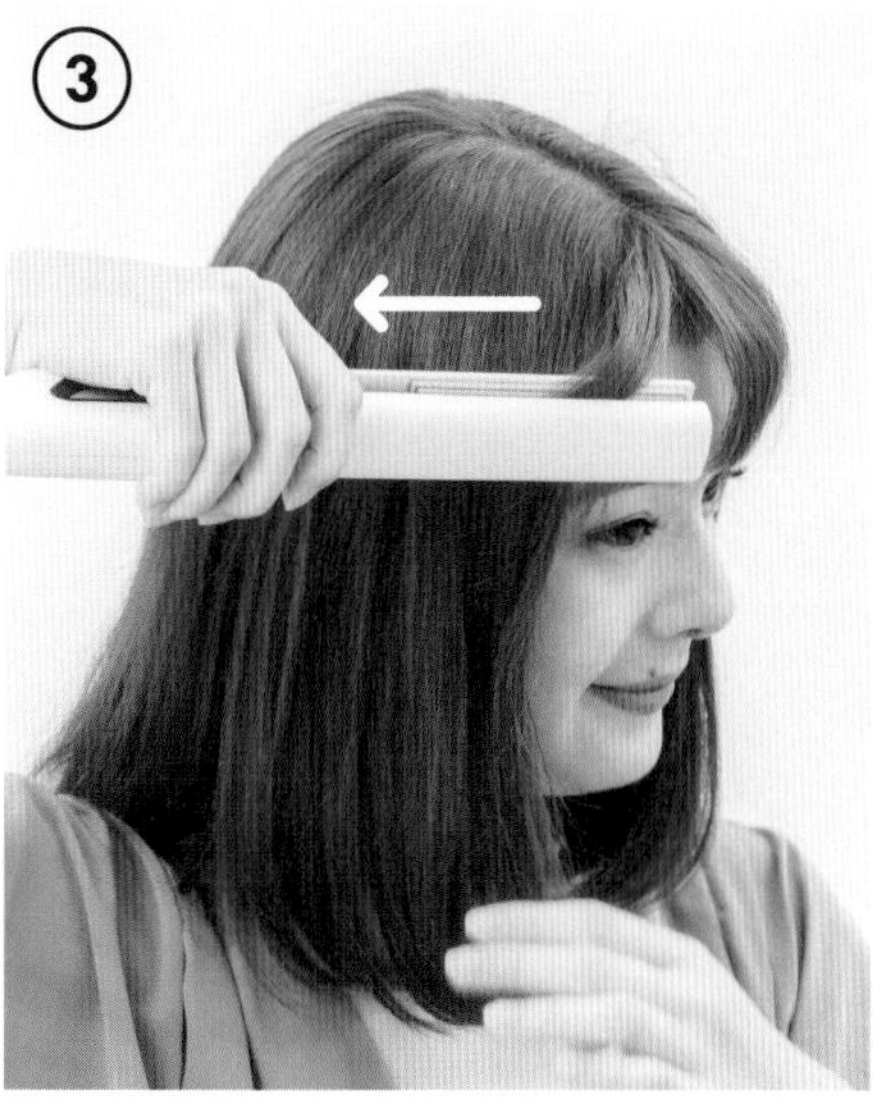

完成

コームでサイドに流す

仕上げにもう一度コームで前髪をとかし、全体の毛流れを整える。サイドに流すように動かすと、前髪とサイドの髪の毛がなじんで自然な仕上がりに。

24

ぱっつんでもできる
ななめ風前髪の作りかた

BEFORE

誰にでも似合う「８：２」のななめ前髪。ぱっつん前髪の人でもストレートアイロンを使えば、簡単にこの比率が作れます。アイロンの角度に気をつけて、場所によってカールの強さに変化をつけてみて。

流したい方向とは逆向きに髪を引っぱる

前髪の毛先をはさんで流したい方向と逆向きに引っぱり、そのすぐ上をアイロンではさむ。アイロンをななめにして、分け目近くに行くほど深くはさみ込んで。

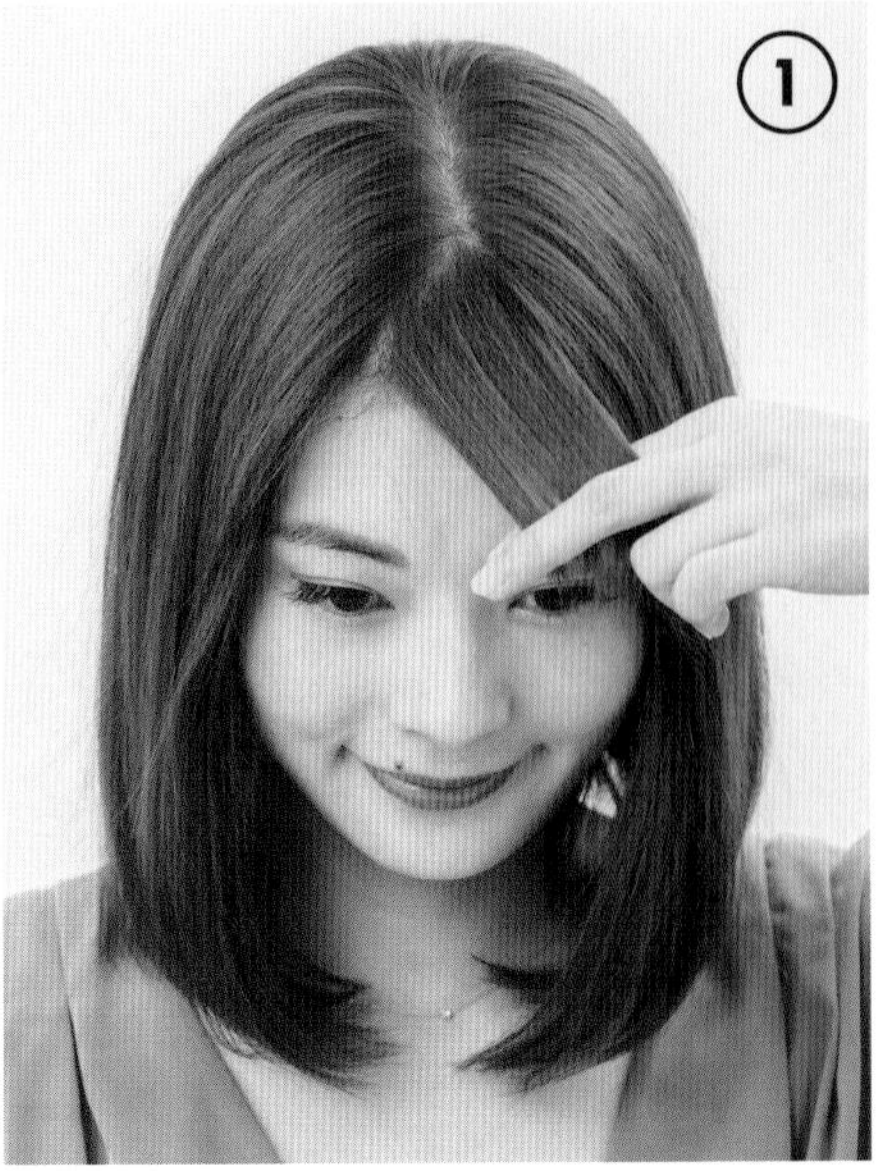

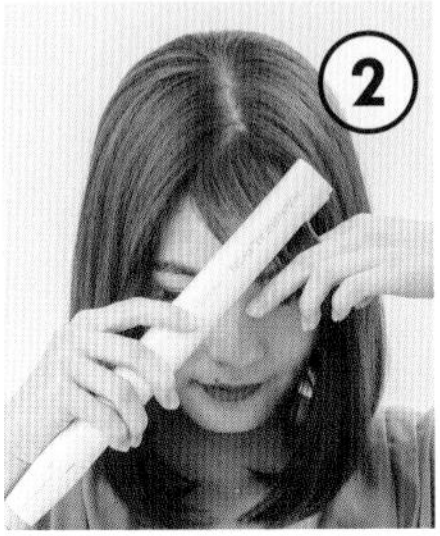

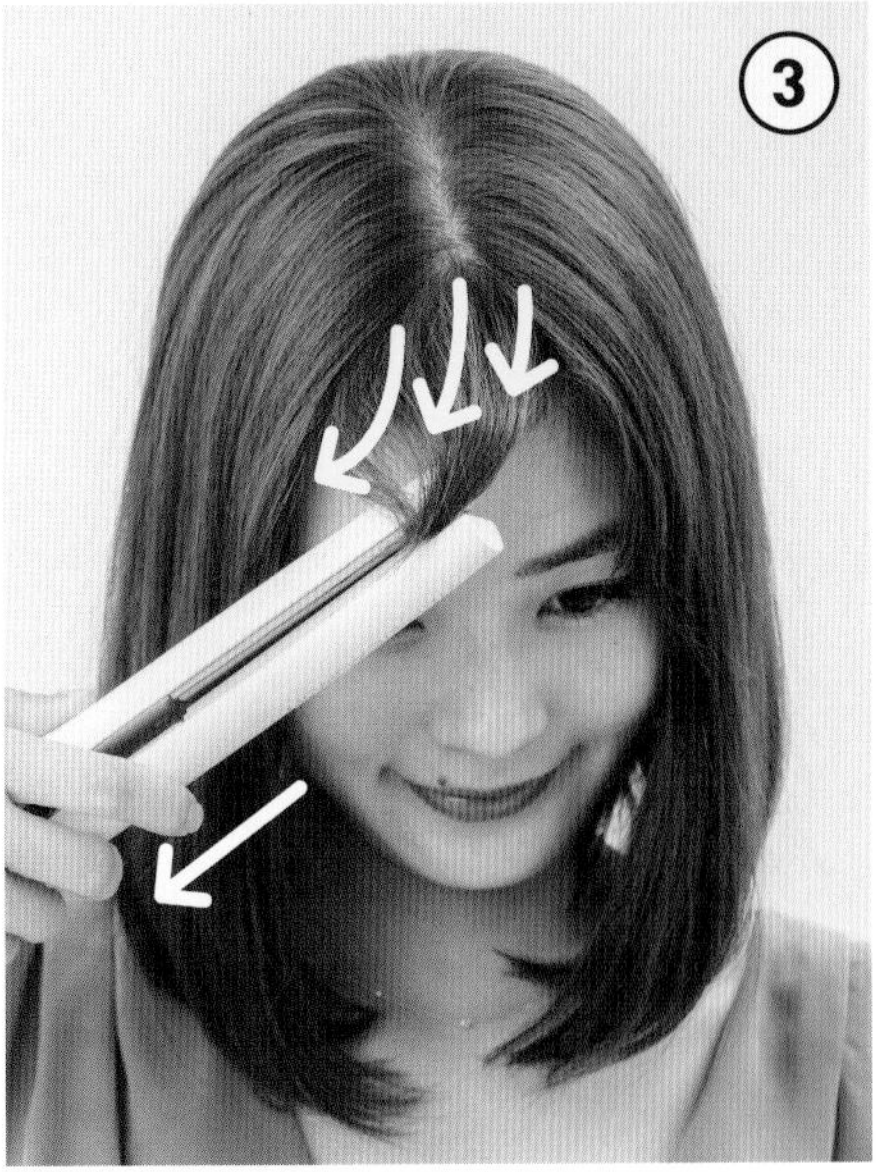

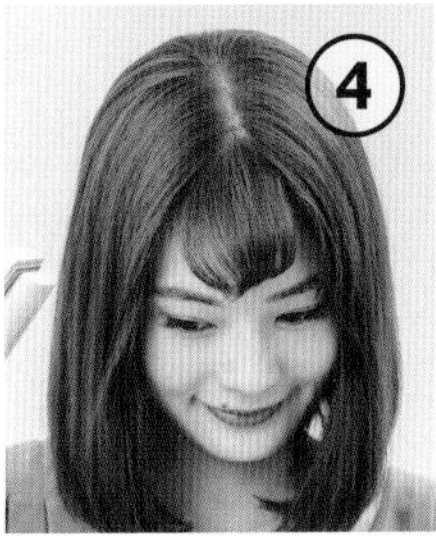

サイドにスライドさせる

内巻きを作りながら、アイロンを少しずつサイドにスライドさせる。毛先をサイドに持っていき、スッと流すようなイメージで。こうすることで、流したい方向に向かって、カールの強さがナチュラルになっていく。

コームで
全体を整える

コームで前髪をとかし、全体の毛流れを整える。サイドに流すように動かすと、前髪とサイドの髪の毛がなじんで自然な仕上がりに。

完成

流した毛先を
コームで整える

コームで流した毛先を整える。くしの部分で前髪全体を支えながら、サイドにすべらせるように。

25

バングありヘアは頭頂部の引き出しを多めに

おろすだけでかわいさがアップする厚めバング。ドライヤーの段階で分け目を撃退（P.86）しておけば、パックリ分かれてしまう心配もありませんが、アレンジをしたときには頭頂部にボリュームが出にくいという難点があります。

もともとほとんどの日本人は、頭頂部が平べったい頭の形をしています。

シルエットをキレイにするためには、額から頭頂部にかけてゆるやかな上り坂を作らなければなりません。この部分の毛束をたくさん引き出せばカバーできますが、前髪を厚く作っているスタイルの場合、頭頂部の髪の毛がとられてしまい、平べったさが目立ってしまいます。

頭頂部の髪の量が少なくなるぶん、**引き出し加減を大げさめにして抜け感を作っておく**といいでしょう。

また、前髪でおでこがすべて隠れてしまうと、全体的に重い印象になりがちなのも、バングありヘアの悩みどころ。毛先を巻いたりおくれ毛を出したりして、どこかに〝肌色〟が見えるように軽さを出すことで、抜け感を作ることができますが、黒髪やダークカラーだとそれでも重く見えてしまうことも。暗めのカラーにしたい場合は、グレーやベージュ系のカラーをオーダーすれば透明感が出るのでオススメです。

また、バングありのスタイルはすぐに前髪が伸びてきて、全体のバランスをキープするのが難しいという面もあります。毛先を少し巻いて自然な丸みを出すと全体的にやわらかい雰囲気になり、立体感も生まれます。

巻くことで前髪に毛流れができ、より肌色が透けて見えるようになるので、こなれ感がアップしますよ。

26

ドライヤーの冷風使いで「かきあげ前髪」がうまくキマる

今っぽくて、そして最高にイイ女風になりたいなら、やっぱり「かきあげ前髪」。根元をふんわりと立ち上げるには、いつもとは違う分け目をしっかりと固定する必要があります。根元をよく濡らして前髪全体を7〜8割程度乾かしたら、かきあげながらもともとの分け目とは逆の方向からグッと髪の毛を持ってきて、ドライヤーでクセづけてみましょう。

分け目が十分についたら、ドライヤーを冷風に切り替えて熱を冷まします。

実は温度が高いうちは、スタイルがまだ固定されていない状態。**冷風をあてることで、仕上がりたての理想的なバランスの状態でスタイルが固定されるので、キープ力が格段にアップするん**です。

「かきあげ前髪」はいつもは下におりている前髪の毛先を、上に向かって流すスタイル。そのため時間がたつにしたがって、もともとの毛先のクセが出てきて、そこからくずれてきてしまうことも。クセがある人は、ドライヤーが終わったら、アイロンで毛先を外向きに巻いておきましょう。

仕上げには分け目の部分に少し多めにスプレーを。サイドは耳にかけるなどしてタイトめにしておくと、ふんわりとしたトップとのバランスがとれて小顔に見えます。

27

「かきあげ前髪」の作りかた

SIDE

「かきあげ前髪」は、ドライヤーの温風⇒冷風使いでしっかりとクセづけることが大切。ドライヤーをあてる向きにも注意して、根元がふんわりと立ち上がったキレイなシルエットを目指しましょう。

前髪全体を乾かす

前髪の根元をしっかり濡らしてから、ドライヤーの温風をいろいろな方向からあてて、前髪を7～8割くらいまで乾かす。

冷風で分け目を固定する

いつもの分け目とは逆側から髪をグッと持ってきて、その方向にそってドライヤーの温風をあてる。

その後流したい分け目に戻したら、分け目に冷風をあてて冷ます。

片手で毛先をはさんで引っぱる

次の工程でストレートアイロンをはさみやすいように、片手で前髪の毛先をはさんで引っぱる。

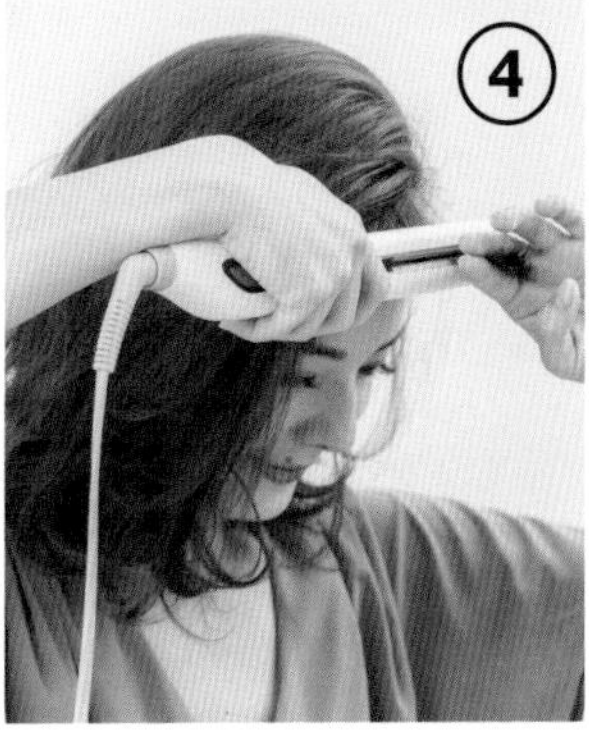

ストレートアイロンで毛先を外向きに

ストレートアイロンで前髪の根元をはさみ、うしろに向かって弧を描くようにカールさせる。かきあげた前髪が周りの髪になじみ、落ちてきにくくなる。

28

前髪はねじる方向でイメージが変わる

前髪をピンでとめるときは毛束をねじりますよね。たいていの場合、その人のクセがあって、無意識のうちに決まった向きにねじっていることが多いと思います。もちろんそれでもまったく問題ないのですが、実はねじる向きによって全体の印象を変えることもできるんです。

おでこを見せるように**外向きにねじると、顔全体がパッと華やかな雰囲気**に。反対におでこにかかるように**内向きにねじると、しっとりと上品な雰囲気**になります。

アレンジ全体のバランスやその日の気分によって、使い分けてみるのも楽しいですよ。

このとき気をつけたいのが、ピンで最初にはさむ毛束の位置。外向きのときは上半分、内向きのときは下半分の毛束をはさみます。これはねじる方向によって、どちらの毛束が前髪全体を支えているかが変わるため。間違えると髪の毛が落ちてきてしまうので、注意してくださいね。

前髪をねじる方向でイメージが変わる

前髪のねじり方を変えるだけでも印象が変わります。たまには気分転換にいつもと違う方向にねじってみてもいいかも。その日の気分やアレンジ全体のイメージに合わせて使い分けてみてください。

華やかにしたいなら外向き

外向きにねじると、おでこの肌色がたくさん見えて顔全体がパッと華やかな雰囲気に。P.62〜63を見ながら上半分の毛束のみはさんで。

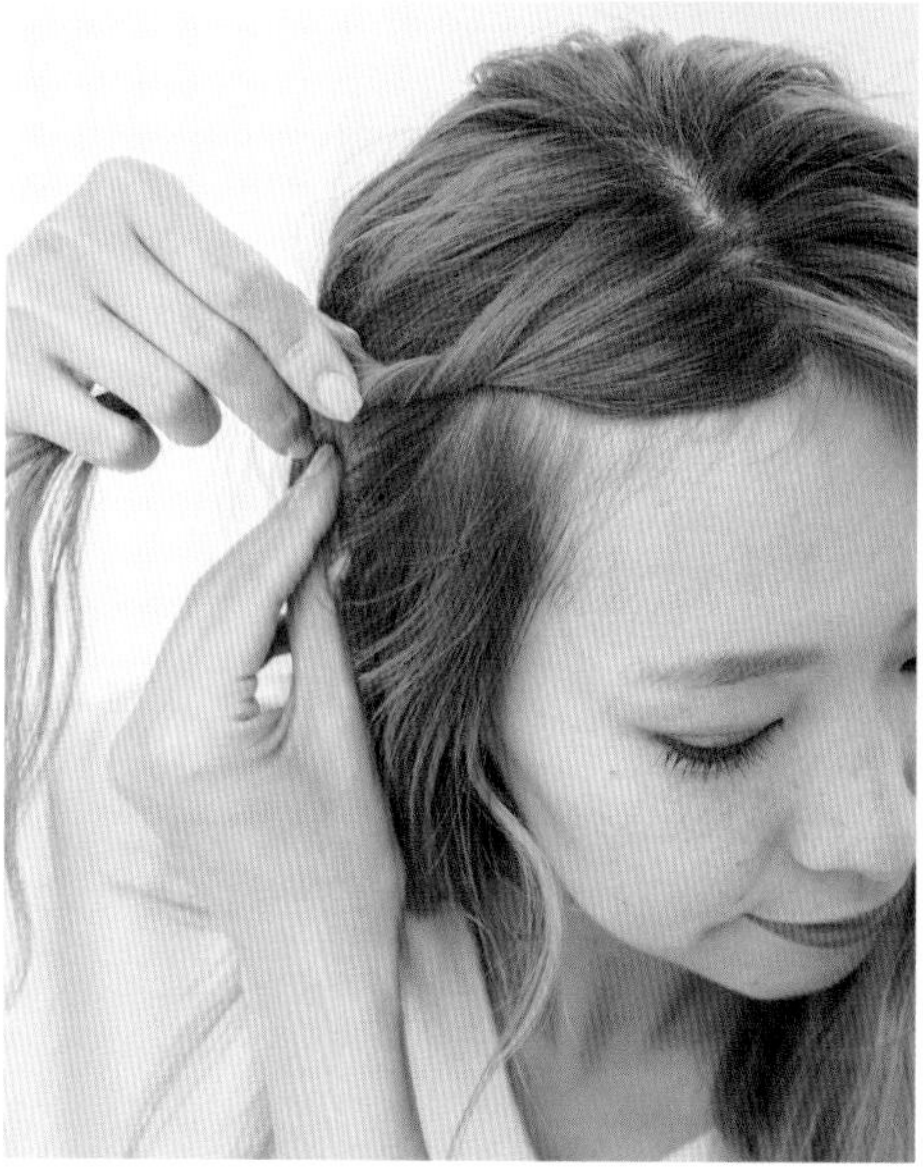

上品なスタイルなら内向きに

おでこにかかるように内向きにねじると、しっとりと上品な雰囲気に。外向きのときとは前髪全体を支えている毛束が反対になるため、下半分の毛束をピンではさむ。

29

前髪パッカーンはドライヤーの「冷風使い」で撃退する

毎日髪を乾かすのに使うドライヤー。何気なく使っていたとしたら、ちょっともったいないかも。ドライヤーは乾かすだけでなく、前髪がパックリ分かれてしまう人にとってスタイルキープに使える万能アイテムだからです。

いつも同じところで分かれてしまう場合は、ドライヤー前にまず根元を重点的に濡らすこと。この部分のクセが直っていないと、毛先をいくらいじっても結局は元に戻ってしまいます。

乾いた髪からスタイリングするときは生え際に水スプレーをしたり、水を含ませたコットンでパッティングするのもいいでしょう。

根元を十分に濡らしたら、クセと逆方向に向かってドライヤーをかけましょう。

いつも自然に分かれる分け目より少し向こう側から、グッと髪の毛を持ってくるイメージです。風の出る方向もクセと反対になるように注意し、根元部分に向かって重点的に温風をあててください。

髪の毛が完全に乾いたら、冷風に切り替えて分け目をキープします。髪の毛は冷えることではじめてスタイルがクセづけされるので、最後の「冷風使い」はとても重要なプロセスです。

30

黒髪は大げさにくずす

明るめカラーに比べて、重たく見えがちな黒髪。髪の色が濃いぶん光を通しにくく、透明感ややわらかい雰囲気を出すのが難しいと感じている人も多いでしょう。

でも、工夫次第でかわいく見せる方法はちゃんとあります！

まずは、くずしかた。**明るめカラーよりもかなり大げさに引き出してみてください。**髪色が暗いと透け感がでにくいため、明るめカラーと同じ引き出し加減ではふんわり感が出ないことがあります。細めの束でとり、向こう側の景色が見えるくらいに大きく大胆にくずしましょう。

黒髪のよさは健康的なツヤ感にあります。オイル分の多いスタイリング剤をつけてツヤ感をキープしたり、髪の毛を少し巻いてウェーブをつけると光が反射する面が多くなり、ツヤ感や束感がキレイに出ます。また、ツルンとした直毛の人も多いため、アレンジの仕上がりを見るともう少しやわらかさが欲しくなります。毛先や表面の髪を巻いて、動きをプラスしてみるのもオススメ。

軽さを出すという点では、おくれ毛も効果的。スタイリング剤をつけたり、ヘアアイロンで巻いたりして、動きを出すことを意識してみてください。毛先に動きが出るだけで全体の雰囲気がやわらかくなり、こなれ感がアップしますよ。

31

すっぴんヘアで「ひとくせポニー」おさらい

#ヘアゴム1本のゆるアレンジ

えりあしがたるまないようにアゴを上げる。

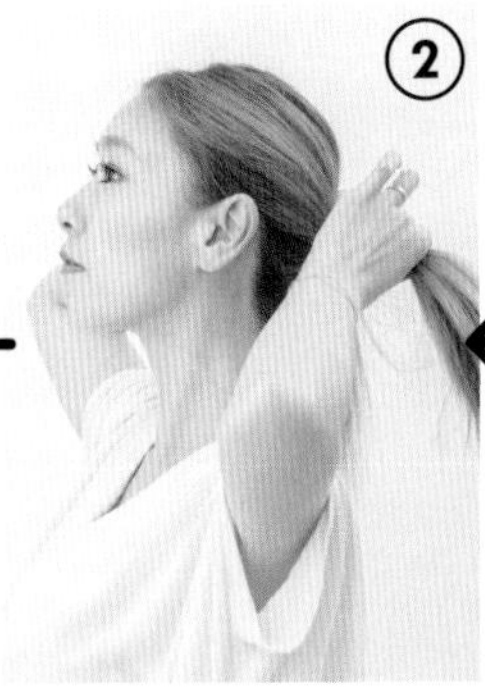

ゴムでキツく結ぶ。

後頭部の丸みを作る。

後頭部の髪を引き出す。

サイドの髪を頭がひし形になるように引き出す。

ゴムを隠す。

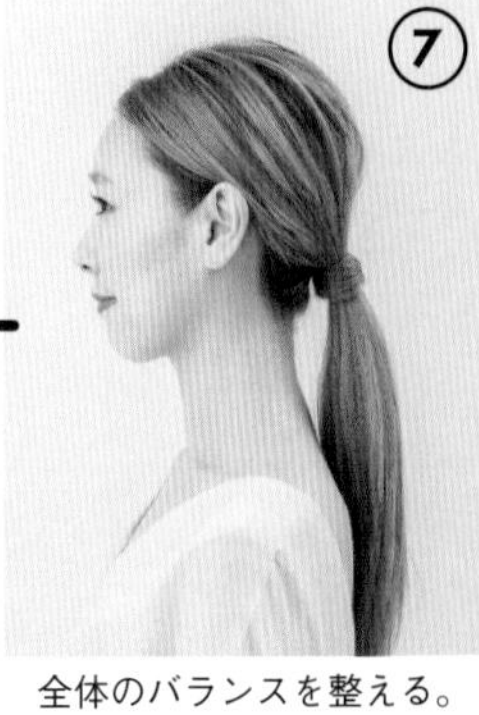

全体のバランスを整える。

耳に髪の毛をかけて完成。

※耳が立っている人は、①の段階で耳に髪をかぶせておく。

ARRANGE

巻いたらもっとかわいくなる。

32

ボブでもすっぴんヘアで「ひとくせポニー」おさらい

FRONT

分け目を隠す。

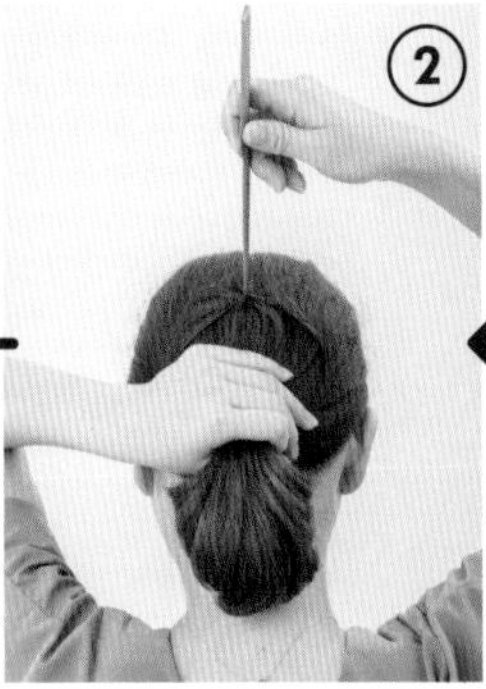

分かれやすいつむじを隠す。
(P.116)

片耳の下に毛束を残して結び、
全体をくずす。

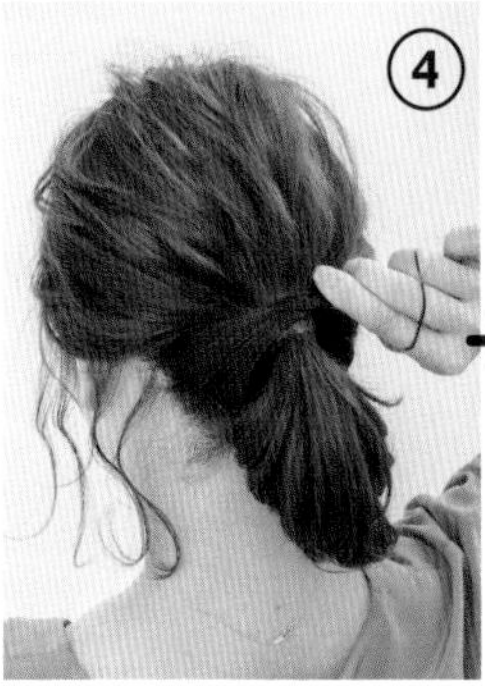

残した毛束をゴムに
巻きつける。

シリコンゴムでまとめる。

左右に引っぱってゴム隠し。

全体のバランスを整えて
完成。

ARRANGE

巻いたらもっと
かわいくなる。

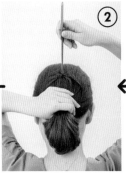

33

「残す髪」の位置でイメージチェンジ

基本の「ひとくせポニー」を覚えたら、ワンアクセント加えて雰囲気を変えてみましょう。**ポイントは、髪を束ねるときに少しの毛束を残すこと**。どの部分の髪の毛を残すかで、仕上がりのイメージも変わってきます。

片側の耳上の髪を残すと、ポニーの近くにキレイな毛流れができて上品な印象に。そして片側の耳下の髪を残せば、結び目の髪がしっかり固定されるので、よりくずれにくいポニーになります。これは短めヘアの人のゴム隠し（P.50）と同じ手順ですが、髪が長い人のイメージチェンジにも使えます。

耳上の髪を全部残すと、後頭部にクロスしたような毛流れが生まれます。結び目に巻きつける毛束の量が多いぶんゴムも隠れやすいので、ゴム隠しが苦手な不器用さんにもオススメです。

耳前の髪を残してくるりんぱすると、ポニーの上にアクセントができて華やかな印象に。くるりんぱの部分を逆にねじって〝逆りんぱ〟にすると少し大人っぽい印象になり、ここでもイメージの変化を楽ししめます。

「すっぴんヘア」でも十分キレイに仕上がりますが、毛流れを際立たせたかったら、表面の髪や毛先を数か所アイロンで巻いてからアレンジを始めてみましょう。

34

右耳上残し
毛流れが上品なポニー

うしろ姿の美人度がさらにアップするのが、右耳上の髪を残した「ひとくせポニー」です。残しておいた髪で結び目を包み込むことで、後頭部にキレイな〝うねり〟が出現。ひとくせポニーよりもぐんと大人な印象に。

右耳上の髪を残す

右耳の上の毛束をとり、その髪以外を束ねる。利き手が違う人は、左耳上の髪を残してもOK。その場合は以降のプロセスは左右逆。

右耳上の髪を左横に流す

ゴムに指を入れた状態で、残しておいた髪を左側にクロスさせる。

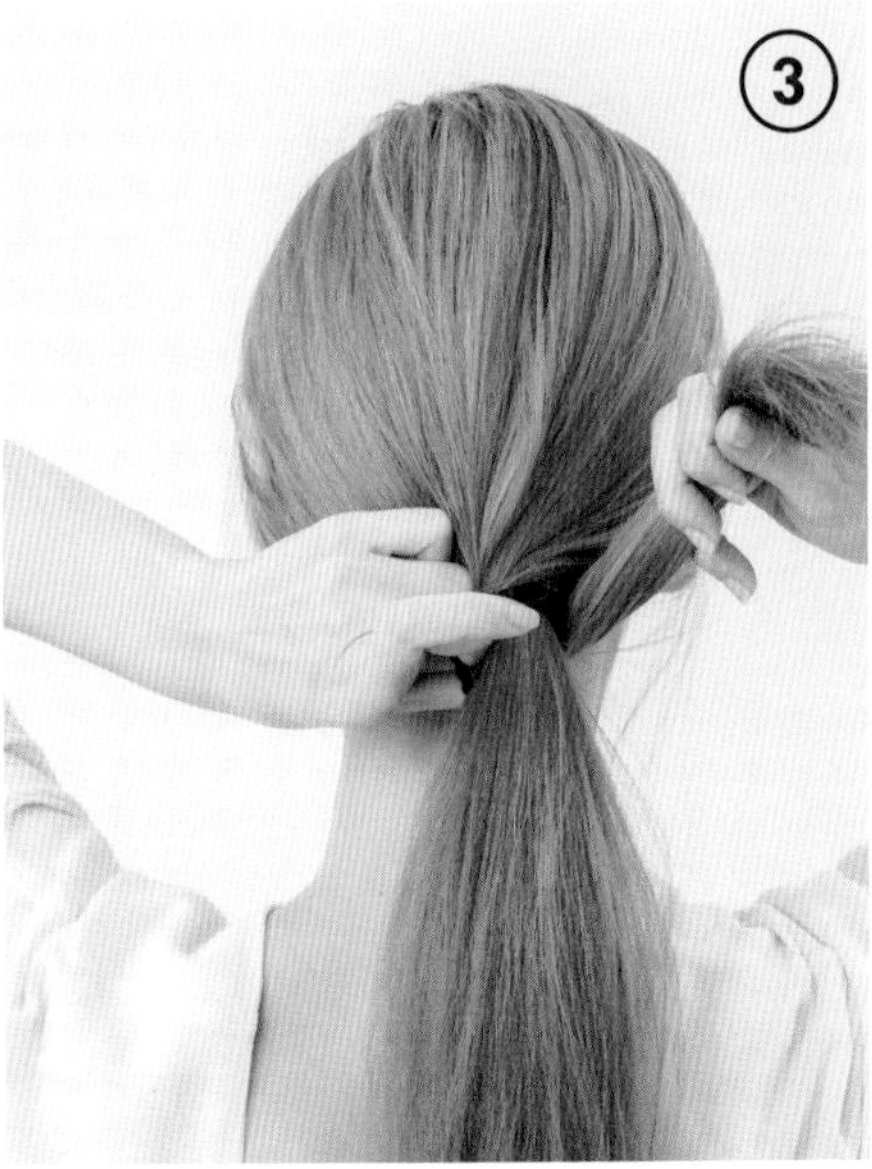

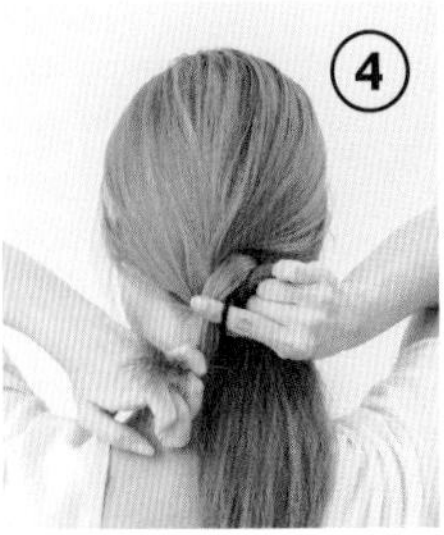

結び目に巻きつける

ゴムに指を入れたまま、残しておいた髪を結び目に巻きつけ、毛束の毛先をゴムに入れ込む。

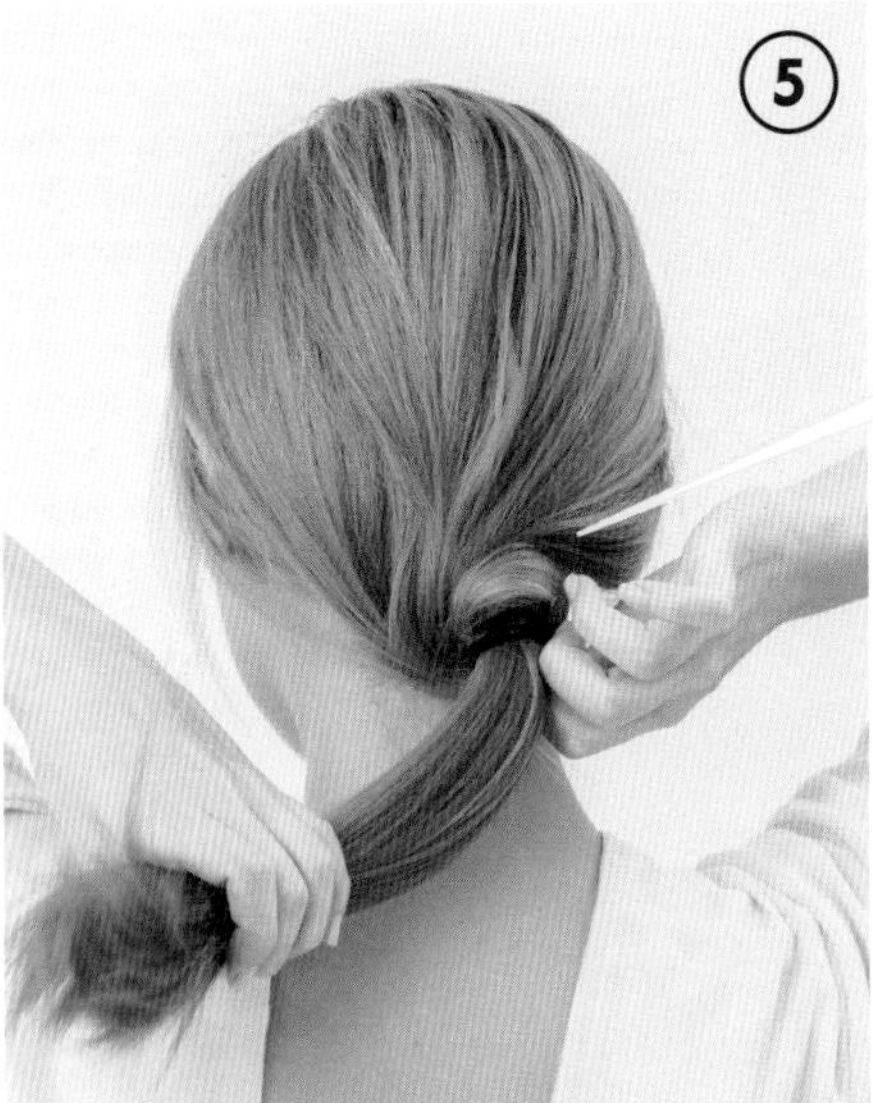

毛先をゴムで束ねる

指を入れて残していたゴムで、毛先をしっかり束ねる。

毛束を左右に引っぱる

毛束を整えたら、左右に引っぱってゴムを引き上げ、結び目の髪をなでつけるように下に広げてゴムを隠す。

完成

後頭部とサイドの毛を引き出す

最後に後頭部やサイド、トップの髪をバランスよく引き出して完成。ゆるく巻いておくと、パーティーもOKな華やかな雰囲気に。

35

左耳下残し
くずれ知らずポニー

朝にしっかり巻きつけた結び目の毛束も夕方になるとズレてきて、ゴムが丸見えになってしまいがち。そんなお悩みを解消するのが、左耳下の髪を残した「ひとくせポニー」。結び目をしっかりホールドするから、くずれ知らずなんです。

片側の耳下の髪を残してポニーを作る

左耳下の髪の毛を残してポニーを作る。利き手が違う人は、右耳下の髪を残してもOK。その場合は以降のプロセスもすべて左右逆。

残した毛束でゴムを隠す

残した髪を結び目に巻きつけて、ゴムを隠す。あらかじめポニーのゴムに指を入れておくと、毛先を入れ込みやすい。

後頭部と
サイドをくずす

結び目を片手でしっかり押さえて固定しながら、くずしていく。

毛束を左右に
引っぱる

毛束を左右に引っぱってゴムを引き上げたら、結び目の髪をなでつけるように下に広げてゴムを隠して完成。

36

耳上の髪を全部残し 美サイドポニー

SIDE

いつもとちょっと違う横顔になりたい日には、耳上の髪を全部残した「ひとくせポニー」に挑戦してみましょう。後頭部でクロスさせた髪が作る"段差"がサイドから見たときのアクセントになり、オシャレな横顔を演出してくれます。

耳上の髪以外をポニーにする

耳上の髪をあらかじめ分けて、残りの髪でポニーを作る。

残した毛束を2つに分ける

ポニーにしたあと、残しておいた髪をざっくり2つに分ける。

毛束を左右にクロスさせる

ゴム上で毛束を左右にクロスさせる。

クロスさせた毛束をゴムに巻きつける

クロスさせた毛束をゴムの左右を通って下におろす。

ゴム下でも
毛束をクロス

ゴム下で毛束をもう一度クロスさせる。

毛先が短くなるまで、
ゴムを巻きつける

上下クロスを続けながら、毛先をゴムに巻きつける。毛先が短くなったら、毛先がゴムの下にくるターンでクロスを終える。

シリコンゴムで毛先を束ねる

毛先をシリコンゴムで束ねたら、左右に引っぱってゴムを引き上げる。結び目の髪をなでつけるように下に広げてゴムを隠す。

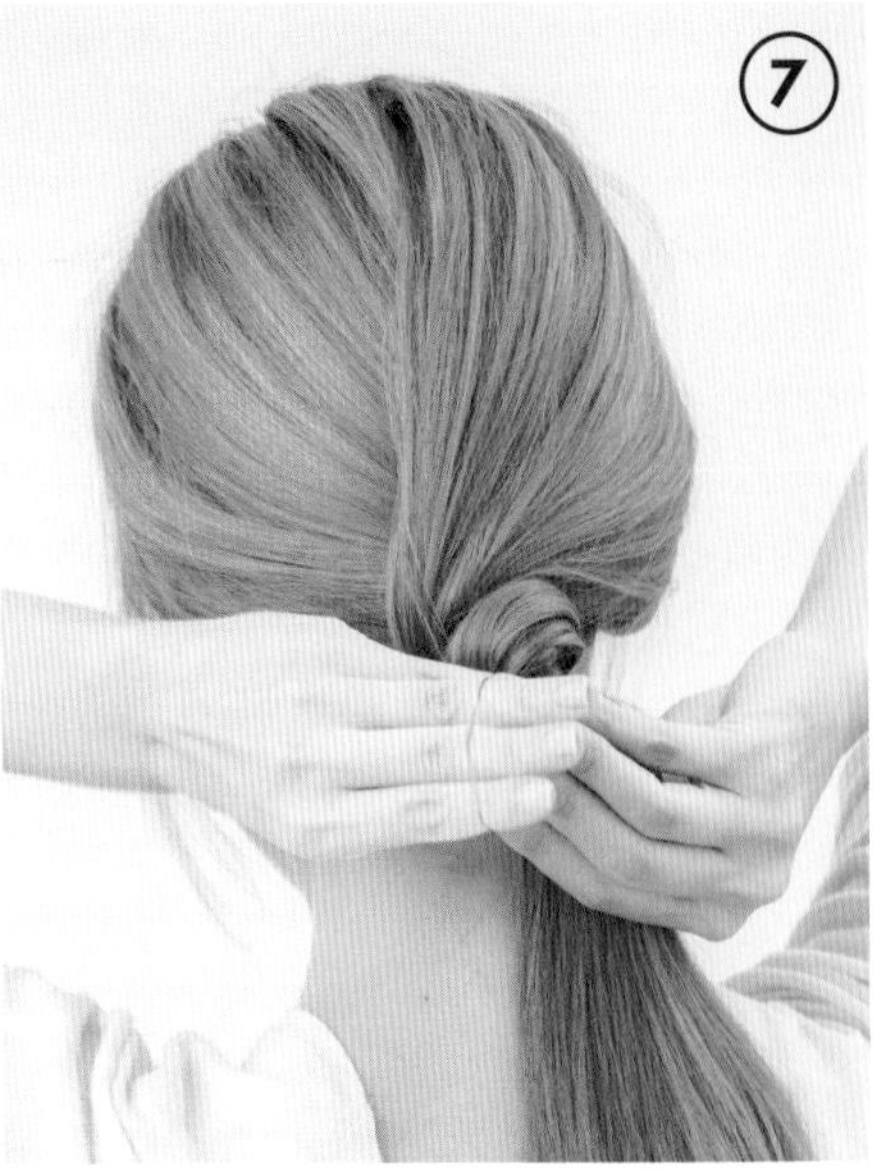

引き出して完成

最後に後頭部やトップの髪をバランスよく引き出して完成。

37

耳前の髪残し ねじねじポニー

SIDE

耳前の髪を残してくるりんぱを作れば、いつもの「ひとくせポニー」がぐっと華やかな雰囲気に。簡単にできるのにすごく凝ったスタイルに見えるので、お仕事終わりの予定があるときにもピッタリです。

左右の耳前の髪を残してポニー

両耳の前にある毛束を残してポニーを作る。

毛束をねじる

残しておいた髪を人さし指でくるくるとねじる。ゴムのほうに向かって指を回し、毛束全体もうしろのほうに持っていくように。

毛束を束ねる

小さめのシリコンゴムでねじった毛束をひとつに束ねる。

ねじりを整える

ねじった髪の表面を内側に向かってなでつけるように整える。

毛束をくるりんぱ

結び目を持った手をくるんと返すようにして、くるりんぱを作る。

くるりんぱの毛束を左右に引っぱる

くるりんぱの毛束を左右に引っぱって、毛束をしめる。

くるりんぱをくずす

奥のほうから少しずつ毛束を引き出して、くるりんぱをくずしていく。

くるりんぱの毛先を入れ込む

ポニー上部の髪の真ん中に分かれ目を作り、くるりんぱの毛先を入れ込む。

くるりんぱの毛束でゴム隠し

分け目にくるりんぱの毛先を通したら、ポニーの結び目に巻きつけてゴムを隠す。

シリコンゴムで束ねる

新しいシリコンゴムで全体を束ねたら、毛束を左右に引っぱってゴムを引き上げる。最後に後頭部やトップの髪をバランスよく引き出して完成。

38

自分では気づきにくい
てっぺんの〝白線〟もしっかり消す

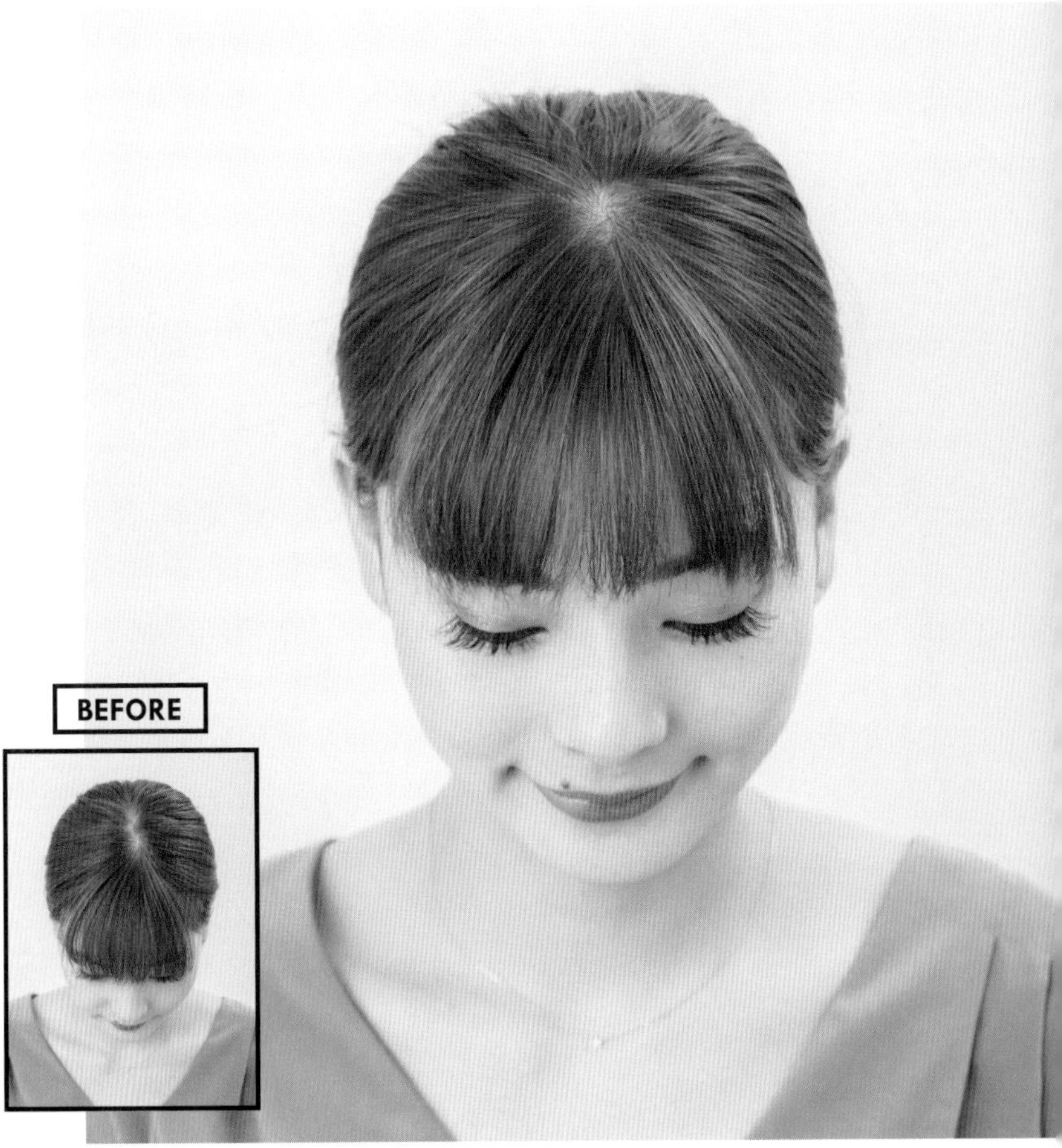

BEFORE

「ひとくせポニー」のポイントはシルエット。丸いシルエットをキープできているからこそ、どこから見てもかわいいスタイルに仕上げることができるんです。

この美シルエットをジャマするのが、いわゆる「つむじ割れ」。

つむじのところで髪の毛がパカッと分かれてしまうことです。つむじ割れが起きるとヘアスタイル全体としてのシルエットもいびつになり、がんばってスタイリングしてもどこかイマイチな印象に。キレイなシルエットに仕上げるためには、**髪の毛をまとめる前につむじを隠しておく「つむじ隠し」のひと手間が大切**なんです。

ここでも活躍してくれるのはコームの柄。「ジグパート」の要領で、つむじの3センチくらい手前から〝ジグザグ〟を描いていきます。「ジグパート」のときよりはやや横幅を広く〝ジグザグ〟して大丈夫。そのままつむじを3センチくらい通り越したら、最後は結び目に向かってコームをスーッとおろしましょう。くずしたつむじ付近の髪の毛が周りとうまくなじみます。

つむじが複数個ある人は、それぞれに対して「つむじ隠し」を。ちょっと面倒に思えますが、このひと手間を加えるだけで、正面から見た仕上がりも後頭部のシルエットも驚くほど美しくなりますよ。

39

つむじ隠しの方法

コームの柄で分け目を〝ジグザグ〟

毛先を軽くうしろで持ちながら、「ジグパート」と同じ要領で、つむじを〝ジグザグ〟となぞって消していく。

幅広く&細かくジグザグ

そのまま「幅広く、細かく」を意識しながら、つむじを3センチくらい通りすぎる地点まで〝ジグザグ〟を描いて。

コームを立てる

最後まで"ジグザグ"したら、コームの柄を地肌に向かって立てる。

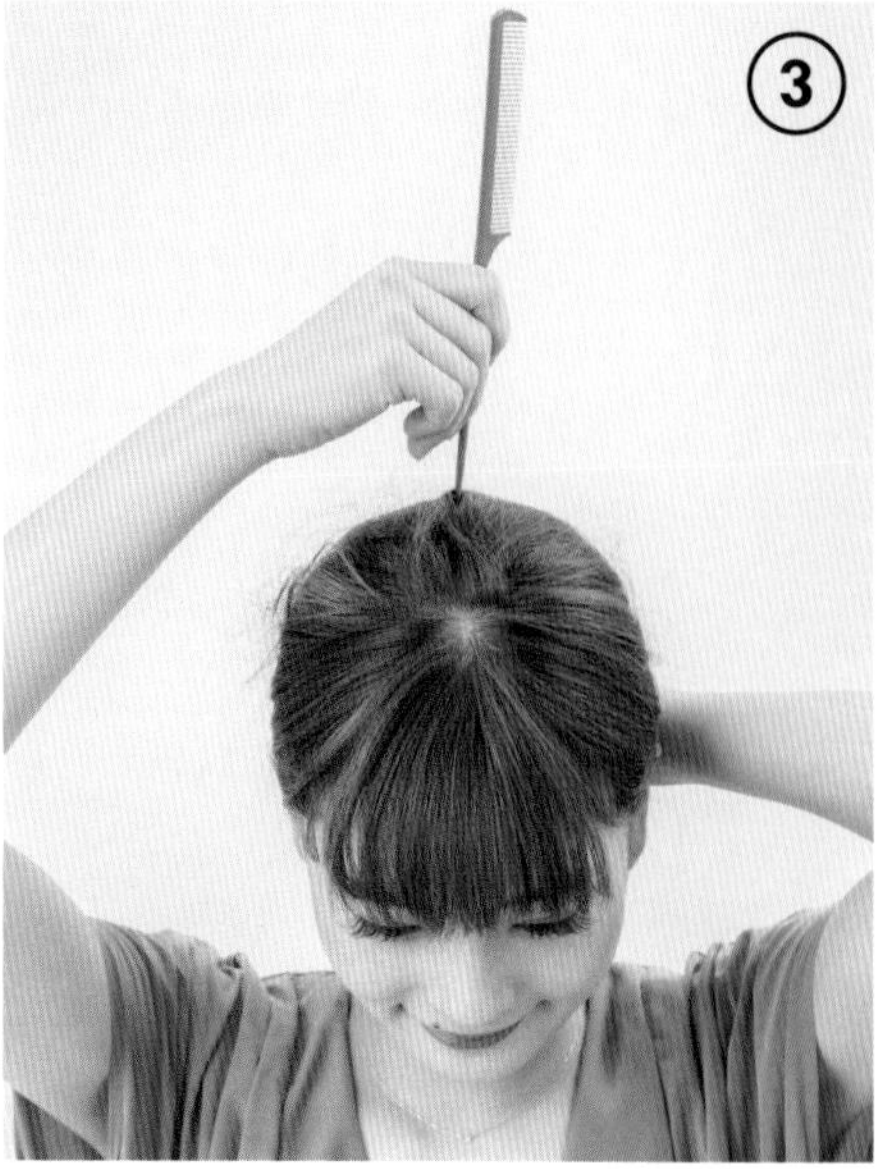

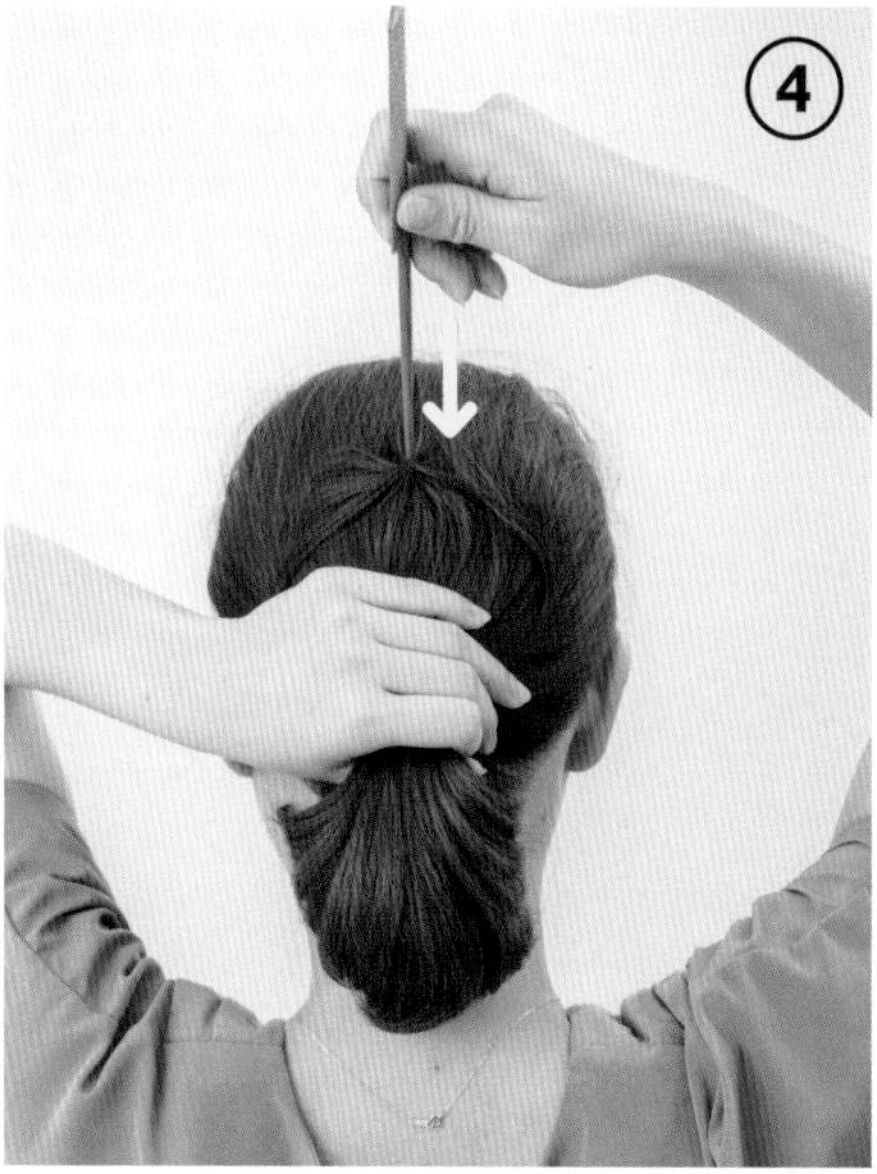

結び目に向かってまっすぐコームをおろす

コームの柄を結び目に向かってまっすぐおろす。こうすることでつむじ部分のくずしと後頭部がなじみ、自然な仕上がりに。

40

後頭部のパックリ分け目は「通行止め」で撃退

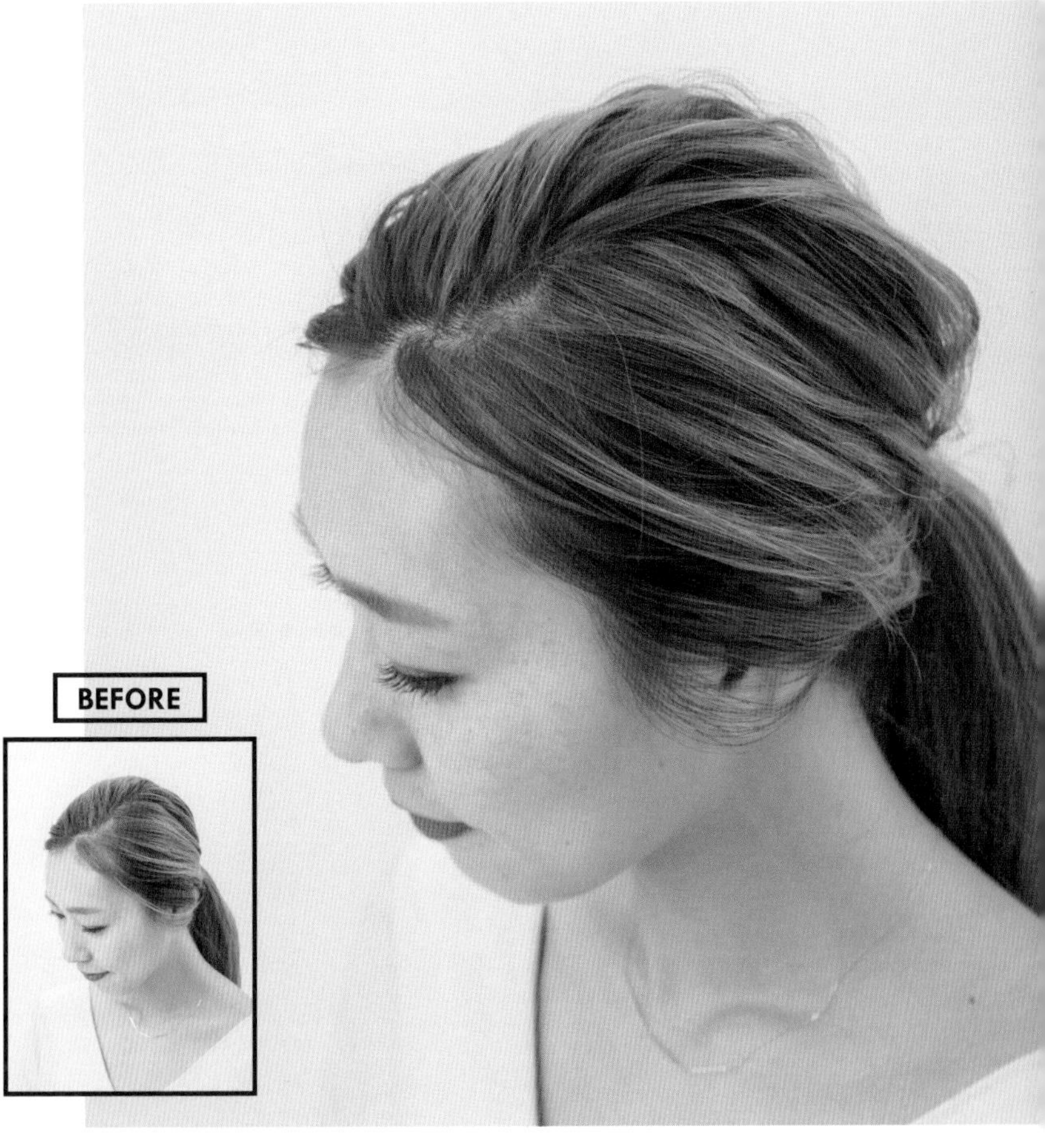

BEFORE

郵　便　は　が　き

料金受取人払郵便

新宿北局承認

8890

差出有効期間
2023年7月
31日まで
切手を貼らずに
お出しください。

169-8790

154

東京都新宿区
高田馬場2-16-11
高田馬場216ビル5F

サンマーク出版愛読者係行

ご住所	〒　　　　都道府県	
フリガナ		☎
お名前		(　　　)
電子メールアドレス		

ご記入されたご住所、お名前、メールアドレスなどは企画の参考、企画用アンケートの依頼、および商品情報の案内の目的にのみ使用するもので、他の目的では使用いたしません。
尚、下記をご希望の方には無料で郵送いたしますので、□欄に✓印を記入し投函して下さい。
□サンマーク出版発行図書目録

1 お買い求めいただいた本の名。

2 本書をお読みになった感想。

3 お買い求めになった書店名。

市・区・郡　　　　町・村　　　　書店

4 本書をお買い求めになった動機は?

・書店で見て　　　・人にすすめられて
・新聞広告を見て(朝日・読売・毎日・日経・その他＝　　　　)
・雑誌広告を見て(掲載誌＝　　　　)
・その他(　　　　)

ご購読ありがとうございます。今後の出版物の参考とさせていただきますので、上記のアンケートにお答えください。**抽選で毎月10名の方に図書カード(1000円分)をお送りします。**なお、ご記入いただいた個人情報以外のデータは編集資料の他、広告に使用させていただく場合がございます。

5 下記、ご記入お願いします。

ご職業	1 会社員(業種　　)	2 自営業(業種　　)	
	3 公務員(職種　　)	4 学生(中・高・高専・大・専門・院)	
	5 主婦	6 その他(　　)	
性別	男・女	年齢	歳

ホームページ　http://www.sunmark.co.jp　　ご協力ありがとうございました。

「ひとくせポニー」のかわいいポイントは、後頭部のふんわりとしたシルエット。

でも、生えグセやつむじの形によって後頭部の髪の毛までパックリ分かれてしまうと、このふんわり感が台無しに。「引き出し」をしてもうまくボリュームを出せなくなってしまいます。

クセの部分で髪の毛が分かれてしまうのは、分け目付近の髪の毛がクセの流れでたおれてしまうから。パックリ分け目撃退のカギは、この髪の毛を支えて**クセの流れに負けないように「通行止め」してあげること**なんです。

「通行止め」をするのは、髪の毛をゴムで束ねたあと。合わせ鏡を見て分け目の位置を確認したら、その真ん中にある毛束をつまんでみましょう。

あとはその毛束をすぐ隣の毛束の下に押し込んでぐらせ、引き出すだけ。こうすれば引き出した毛束がストッパーになって、分け目の両隣にある毛束がたおれてこないように押さえていてくれます。

「通行止め」で分け目がパックリしなくなると、全体のシルエットもよりキレイになります。「引き出し」をしてもなぜかボリュームが出ないという人は、このひと手間で分け目をカバーすることでお悩みが解消されることが多いですよ。

41

通行止めの方法

分け目の中心の毛束をつまむ

分け目のちょうど中心にある毛束（矢印部分）をつまむ。

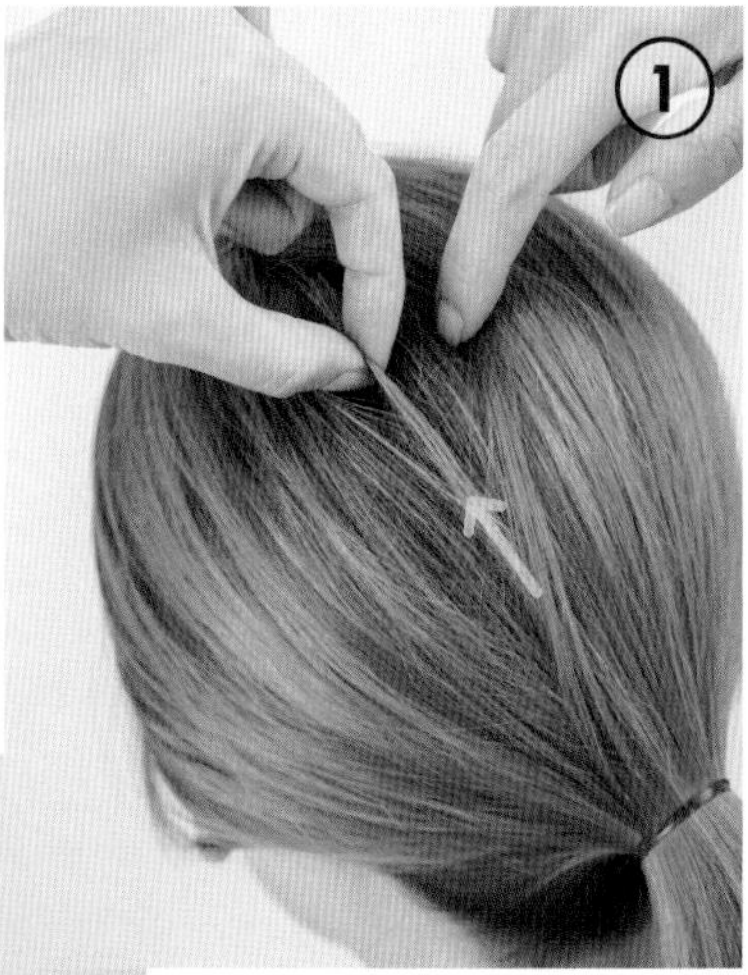

すぐ隣の毛束にくぐらせる

つまんだ毛束をすぐ隣の毛束の下に押し込んでくぐらせる。

くぐらせた毛束を引き出す

くぐらせた毛束（③の黄色で示した部分）を表面へ引き出す（④）。この毛束が分け目付近の髪を支えてくれる。

「通行止め」をした状態。分け目が目立たなくなり、こなれ感がアップ。後頭部にボリュームが出て、全体のシルエットもキレイに。

完成

42

そもそも、自分に合うヘアゴムを使っているのか問題

しっかり束ねたはずなのに、時間がたつとたるんできてしまう……。そんな人は、そもそもゴムの長さが合っていないのかもしれません。ゆるふわっとしているのに長時間ヘアアレンジをキープできるのは、ゴムがちょうどいいキツさでとまっている必要があります。そのために大切なのが、ゴムの選びかたなんです。

市販のゴムは、一人ひとりに合わせたサイズには作られていません。ゴムで束ね終えるとき、あと一周できそうなのにできない場合は、そのゴムがあなたの髪の量に合っていないサイン。結び目に少し余裕ができてしまっているので、ゆるみやすい状態なんです。

ゴムの長さは、キツく束ねた最後にギリギリ人さし指が通るくらいがベストです。

ゴムにもいろいろな種類がありますが、アレンジ初心者さんにはシリコンゴムをオススメしています。シリコンゴムは伸びやすく、使っているうちに自分に合った長さのゴムを自分で作ることができるからです。また、細いぶん髪の毛に隠れやすく、アレンジに慣れていない人でもキレイに仕上がります。

同じシリコンゴムでも、メーカーによって伸びやすさには差があります。硬毛、多毛から普通毛の人ならできるだけ伸びのよいものを選ぶのがいいですが、軟毛、細毛の人は伸びがよすぎるゴムだと何回も重ねなければならなくなり、使いにくい場合もあります。何回か使ってみて、しっかりとキツくとまる長さを探してみましょう。

また、結ぶ場所によっても、選ぶべきゴムの種類は変わってきます。ひとつ結びのときは伸びのいいゴムがピッタリでも、毛先などに使うには長すぎるということもあります。アレンジ用にやや硬いゴムを用意しておくのもいいと思います。

一方で布製のゴムは、1本でしっかりとまとまるのが最大のメリット。毛量が多い人はひとつ結びやシニヨンに使うと安心です。太いぶん結び目が目立ちやすいので、髪の毛の色に近いものを選びましょう。つなぎ目がほつれてきたらすぐに新しいものに交換してください。

伸びて長くなってきたゴムはシニヨンに使ったり、二重、三重にして使うのもオススメです。特にシリコンゴムは重ねて使うことによって、よりしっかりと、キツく束ねられるようになります。髪の毛がまとまりにくい日やスポーツなどでよく動く日に使うと、アレンジをくずさず長時間キープできます。

43

YU-Uオススメのゴム

シリコンゴムや布製のゴムは、100円均一ショップや雑貨店でも販売されていますが、商品によって伸び具合も大きさも違います。さまざまなアレンジを試してきて、私が使いやすかったゴムを紹介。髪のお悩みやシチュエーションによって使い分けるのもオススメです。

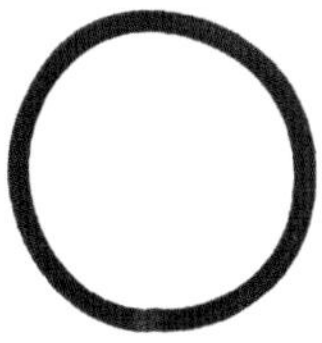

布製ゴム

毛量が多い人は布製の太めゴムがベスト。髪の毛と近い色を選ぶと目立ちにくく、アレンジのジャマになりません。コンビニで気軽に買えるのが◎。

Seriaのシリコンゴム

ひとつ結びからシニヨンにまで使えるオールマイティなシリコンゴムを100円均一でGETするならコレ。からみにくいのが特徴です。

モビロン®バンド

シニヨンをするときにオススメなのがこのシリコンゴム。安価なものより伸縮性がいいので、ゴムが余らずしっかりと束ねられます。私はいつもLoftで買っています。

キャンドゥのシリコンゴム

髪の量が少ない人や毛先のアレンジをするときには、キャンドゥの小さめサイズのものがオススメ。

44

クール or キュート
印象を決めるのは「顔周りの毛流れ」

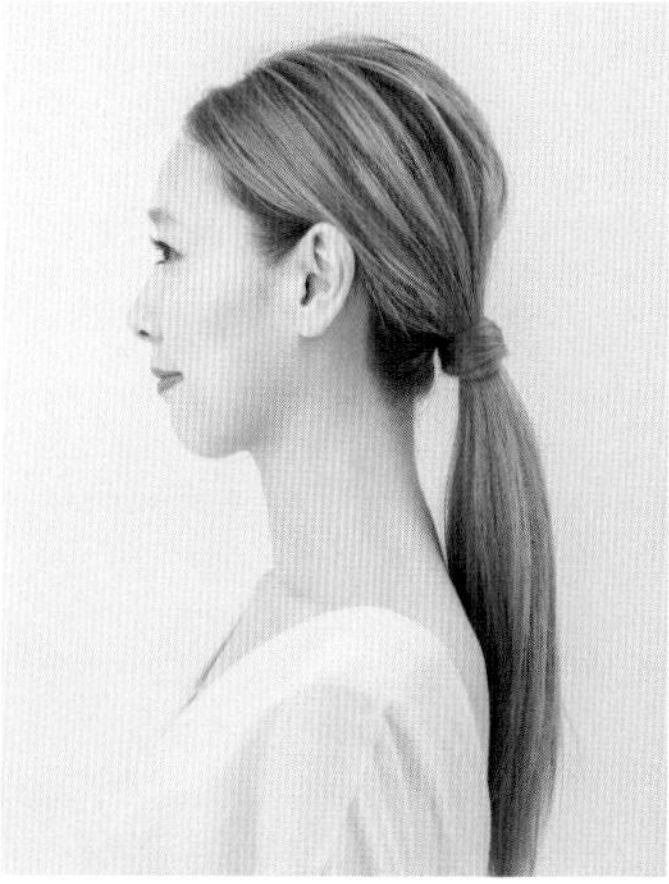

結ぶ高さや引き出し加減、質感を変えることで簡単にイメージを変えられる「ひとくせポニー」は、欲張りな女子の味方。同じ結び方なのに、驚くほどいろいろなイメージになれるんです。

ポニーの高さで印象が変わるのは、顔周りの毛流れが変わるから。毛流れが下にいくローポニーならしっとり上品な雰囲気、毛流れが上にいくハイポニーなら元気で華やかな印象になります。

これにプラスしたいのが、**スタイリング剤による質感の変化**。たとえばローポニーにオイル分の多いワックスを組み合わせれば、髪がタイトになってさらにクールな雰囲気がアップします。反対にあまりクールすぎない雰囲気にしたいときにはスプレーだけで仕上げたり、マットな質感のワックスを使えば、ほどよいカジュアル感がプラスされます。

また、スタイルの華やかさを調整してくれるのが、引き出し加減です。引き出し加減が控えめなほどクールに、大げさにするほど華やかな印象になります。朝のスタイリングでは控えめにしておいて、お仕事が終わったら少し引き出して華やかさをアップさせるのもいいですね。

45

スタイリング剤を使えば不器用さんでもアレンジ上手

サラサラとした髪質の人は、ただでさえ髪の毛がまとまりにくい状態。いくら束ねようとしても髪が落ちてきてしまうこともあるはず。それはもしかしたら、スタイリング剤を使わずにアレンジをしているからかもしれません。

すっぴんヘアはシャンプーをするのもラクだし、日中もベタつきとは無縁で気持ちがいいかもしれませんが、不器用さんがアレンジに挑戦するにはやっぱりハードルが高くなります。

特に自分では見えない後頭部などは、少し引っかかるくらいの質感のほうがアレンジしやすいのです。

その〝ひっかかり〟を簡単に作ってくれるのが、スタイリング剤です。「私はアレンジ下手」と思い込んでいる人こそ、スタイリング剤の力を借りましょう。

最近のスタイリング剤は、驚くほど進化していて使い心地もよくなっているので、ベトベトやカチカチになる心配もありません。

根元からふわっと仕上がるオイルやベタつき感の少ないワックス、

手ぐしが通るほどサラサラに仕上がるスプレーもたくさん出ています。

スタイリング剤をつけるタイミングにはアレンジ前とアレンジ後の2つがありますが、不器用さんにはアレンジ前の使用をオススメします。いちばん便利なスタイリング剤の種類は、やはりワックス。サラッと仕上げたいときはクリーム系ワックス、ツヤッと今っぽく仕上げたいときや毛先のパサつきが気になるときは、バーム系やオイル系ワックスがオススメです。

質感で簡単にイメージを変えられるのも、スタイリング剤のいいところです。お気に入りがいくつかそろったら、複数のスタイリング剤を混ぜて好みの質感を作り出すのもいいですね。

今使っているワックスに少し水を混ぜてのばしたり、洗い流さないトリートメントを混ぜ合わせるだけでも、いつもよりウェッティな質感を楽しむことができます。ぜひいろいろな組み合わせを試してみてください。

46

YU-Uオススメのスタイリング剤

ミルボン／
ニゼル　ジェリーM

どんなヘアスタイルにも使える万能スタイリング剤。

LILAY／
トリートメントバーム

しっとりとした束感がほしいときに。

N.／
ナチュラルバーム

ツヤっぽく濡れた質感にするときに。

資生堂プロフェッショナル／
ステージワークス
フラッフィーカールミスト

ヘアアイロンで巻く前のカールキープ用ミストとして。

ミルボン／
ジェミールフラン
スプレーSW

質感のよさがお気に入りのメインスタイリング剤。

ルベル／
トリエジューシー
スプレー0

ツヤ出しスプレー。巻いたあとに束感をくずさず、ツヤ感をプラス。

47

ワックスは透明になるまでのばしてからつける

スタイリング剤で選び方と同じくらい大事なのが「つけ方」。適量（ミディアムでさくらんぼ大を目安）を手のひらにとったら、透明になるまでしっかりとのばすこと。特にワックスは固まったままだとムラができ、場所によって質感に差が出てしまいます。**手のひらをこすり合わせて透明になっているかたしかめてから、髪の毛につけるようにしましょう。**

パサつきがちな毛先やおくれ毛は、さらに個別につけるようにすると、しっとりとした仕上がりになります。**毛先につけるスタイリング剤はパール大くらいを指先にとり、第二関節までを目安にのばしましょう。**

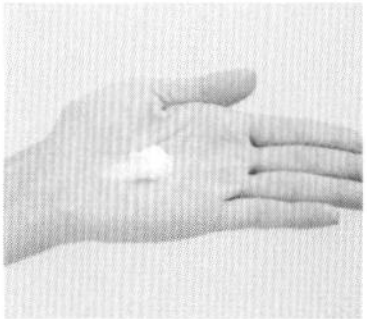

さくらんぼ大くらいのワックスを手にとる。

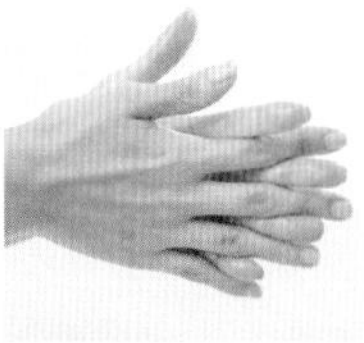

透明になるまで手洗いするようによくのばす。指の間にも忘れずになじませて。

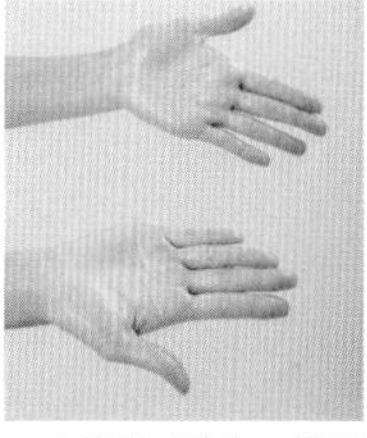

この状態で毛先→根元の順になじませる。

48

くるりんぱは
「結び目をくるんと回す」とうまくいく

NG

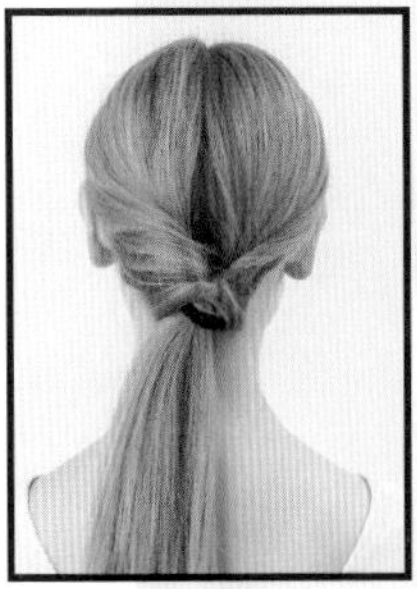

少し前からアレンジの定番に仲間入りした「くるりんぱ」は、結び目近くの立体感がアップし、すっぴんヘアでも髪の毛がしっかりまとまるのでメリットだらけ。

それだけに取り入れている人も多いですが、これもひとつ結びと同じく、気をつけないと残念な仕上がりになりがちなアレンジなんです。

残念なくるりんぱは、まず左右非対称になっていることがほとんど。毛先を髪の分かれ目に通そうとすると結び目が不安定になり、通しきるまでの間に左右のバランスがくずれてしまいます。

シンメトリーに仕上げるには、**結び目を持って「くるん」と回すようにしてみてください**。腕の位置はなるべく変えず、手首のスナップで回すのがポイント。こうすれば結び目の位置をずらさずに毛先を通すことができますよ。

もうひとつの残念ポイントは、ゴムが丸見えになっていること。これはくるりんぱができたあと、周りの髪の毛をしっかり引き出せていないことが原因です。結び目付近の髪を集中的に引き出してふんわりとさせたうえで、毛先を左右に引っぱってゴムを引き上げましょう。こうすることで〝ふんわり〟の中にゴムが入り込んでうまく隠れます。

49

キレイな「くるりんぱ」の作りかた

髪を分ける

結び目のゴムを少し下にずらして髪の間に指を入れ、すき間を作る。表面の髪のみ6：4くらいに分けるとパックリ割れない。

結び目を回す

結び目を持って「くるん」と1回転。毛先を分かれ目に入れるのではなく、ゴム自体を回すようにするのがコツ。

くるりんぱの形を整える

たるみがちなくるりんぱ上部の髪を、指でなでつけるように内側に巻き込んで形を整える。

左右の毛先を少しずつ引っぱる

毛先を端から少しずつとって引っぱる。細めの束で引っぱると、なんにもしてないのにくずしてるみたいに。

くるりんぱをくずす

奥のほうの髪を引っぱり出すようにして、くるりんぱをくずす。ゴム付近の髪は特にしっかりくずすと、結び目のゴムが隠れやすい。

トップの髪をくずす

片手でゴムを押さえながら、トップの髪をバランスよくくずしていく。

結び目を隠す

くるりんぱをさらにくずし、毛束を左右に引っぱってゴムを引き上げる。くずした右端の毛束の輪を左にずらし、左端の毛束の輪の中に入れ込んで完成。

POINT

①ゴムがうまく隠れないときは、左右両端の毛束をスモールピンではさんで、ゴムに向かってさし込んでみて。下から見てもゴムが目立たずキレイ。

②首元の毛がチクチクするときは、最初の段階で髪を３つに分けて、真ん中の毛束を残し、両端の２束をゴムで束ねてくるりんぱ。下に残った髪が首をカバーしてくれるから、かゆくなりにくい。

50

ケタ違いに「イイ女感」がでるヘアゴム1本シニヨン

「ひとくせポニー」をマスターしたら、ぜひ挑戦してほしいのがシニヨン（低めのお団子ヘア）。**ポニーにひと手間加えるだけでできるのに、うしろ姿の印象が激変。**首元をすっきりさせておきたい季節や服装にもピッタリなアレンジです。

作りかたはポニーの毛束をおたまじゃくしのような形にまるめ、無造作にくずして固定するだけ。サイドから見ると後頭部のふくらみとシニヨンの丸みが「S」のラインを描いていて、横顔美人になれるスタイルでもあります。ゴム1本でもできるから、外出先で髪型を変えたくなったときにもピッタリです。

ただ、毛束を大きく引き出せば引き出すほど華やかなシニヨンになりますが、同時にくずれやすくもなるので、アレンジ初心者さんは、ゴムをもう1本プラスしてホールド力を高めましょう。「シニヨンがちょっと大きくなりすぎたな」というときは、この新しいゴムに髪の毛を入れ込めば、ボリュームも調整できるので、ゴムをわざわざはずして1からやり直さなくても大丈夫なんです。

もしゴムが2本ないときは、ピンが2本あれば大丈夫。やり方は、くずしたシニヨンの上下をピンでとめるだけ。左右両端の毛束を真ん中に持ってきてとめるので、シニヨンの形が丸くキレイに整うというメリットもあります。

51

「S字シニヨン」の作りかた

〝おたまじゃくし〟を作る

ポニーを丸めて〝おたまじゃくし〟を作ったら、両端の毛先をとって左右にキュッと引っぱり、シニヨンの形をキレイに整える。

毛束をシニヨンに巻きつける

毛束をねじりながらシニヨンに巻きつけて、毛先をゴムにはさむ。

シニヨンをくずす

上下左右に「×」を描くように奥の髪を大きく引き出し、シニヨンをくずす。巻きつけた毛束部分もバランスよくくずしておく。

完成

後頭部、頭頂部を引き出して完成

後頭部と頭頂部の髪をバランスよく引き出したら完成。あらかじめ巻いておくとさらにオシャレな印象に。

BACK

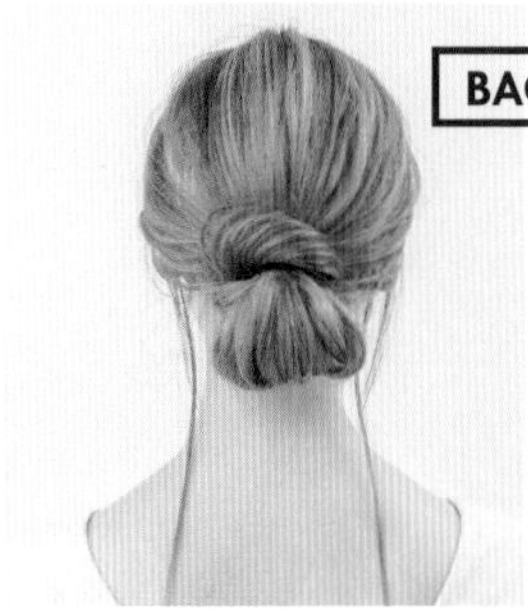

52

ゴム2本あれば シニヨンのボリュームが自由自在

BACK

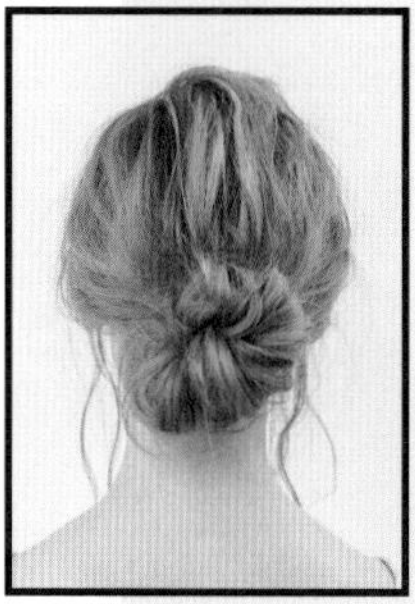

ゴムを1本プラスすれば「くずし」を大げさにできて、より華やかなシニヨンが作れます。ポニーの部分はそのままでいいので、お仕事終わりにさっとイメチェンするのにもオススメ。

"おたまじゃくし"を作る

ポニーを丸めて"おたまじゃくし"を作る。

シニヨンをくずす

"おたまじゃくし"の中に指を入れて、上半分の毛束を上下左右にゴムがキツくなるように引っぱる。できるだけ少しずつ毛束をとり、いろいろな方向に引っぱるとGOOD。このとき、毛先の長さは変わらない。

シニヨンの大きさを調節する

今度は下半分の毛束を引っぱり、シニヨンの大きさを調節する。引っぱるほどに毛先は短く、シニヨンは大きくなる。

左右両端の毛束を交差させる

シニヨンの大きさが決まったら、左右両端にある２つの毛束をとって（⑦）シニヨンの上で交差させる（⑧）。交差したところは手で押さえておく（⑨）。

ゴムで固定する

毛先をねじりながらシニヨンに巻きつけ、ゴムで固定する。巻きつけた髪も片手でゴムを押さえながら、もう一方の手で少しくずしてゆるくしゃに。

完成

さらにシニヨンをくずして完成

シニヨンをさらに大胆にくずし、華やかさをプラスする。最後にトップやサイドの髪をバランスよく引き出して完成。

53

ゴム1本+ピン2本シニヨン

くずしたシニヨンを交差させる

P.144の⑦までは同じで、くずしたシニヨンを固定するとき、ピンを使う。まずは左右両端の毛束をシニヨンの上で交差させる。

交差させた毛束をピンではさむ

交差させた毛束の真ん中をピンではさむ。

ピンをシニヨンに さし込む

ピン全体が隠れるように、シニヨンに向かってさし込む。できるだけゴム近くの髪にさし込んで。

毛先をシニヨンに 巻きつけ、もう1本の ピンで固定する

毛先をシニヨンに巻きつけ、今度はシニヨンの下からピンをさし込んで固定し、バランスよく引き出して完成。

54

出来が一定でないお団子ヘアをいつだって成功させる方法

頭頂部に近い位置に作る、いわゆる「お団子ヘア」。顔周りをスッキリさせたいときや大ぶりのアクセサリーをつけるとき、首元にボリュームのあるマフラーやスカーフを巻くときにもピッタリのアレンジです。

でも、このお団子、昨日はうまいことできたのに今日はイマイチ、と出来が一定でない悩みを持つ人が多いです。

上手に作るコツは、**お団子以外の部分をすっきりとまとめること**。おくれ毛ももみあげあたりの毛束を少し出すだけにとどめ、えりあしやサイドの引き出しも控えめにしておきましょう。

写真のように前髪をオールバックにするのも、毛流れが全体的に上向きになるので、まとめやすくオススメです。

基本的な作りかたは「S字シニヨン」（P.140）と同じですが、髪の毛の長さによっては結び目を一周できず「ゴムかくし」がうまくいかないことがあります。この場合は、ひとまず正面から見える部分のみを毛先で隠し、裏側はシニヨンの一部を少しゴムにはさみ込むようにしてカバーしてみてください。

55

お団子ヘアの作りかた

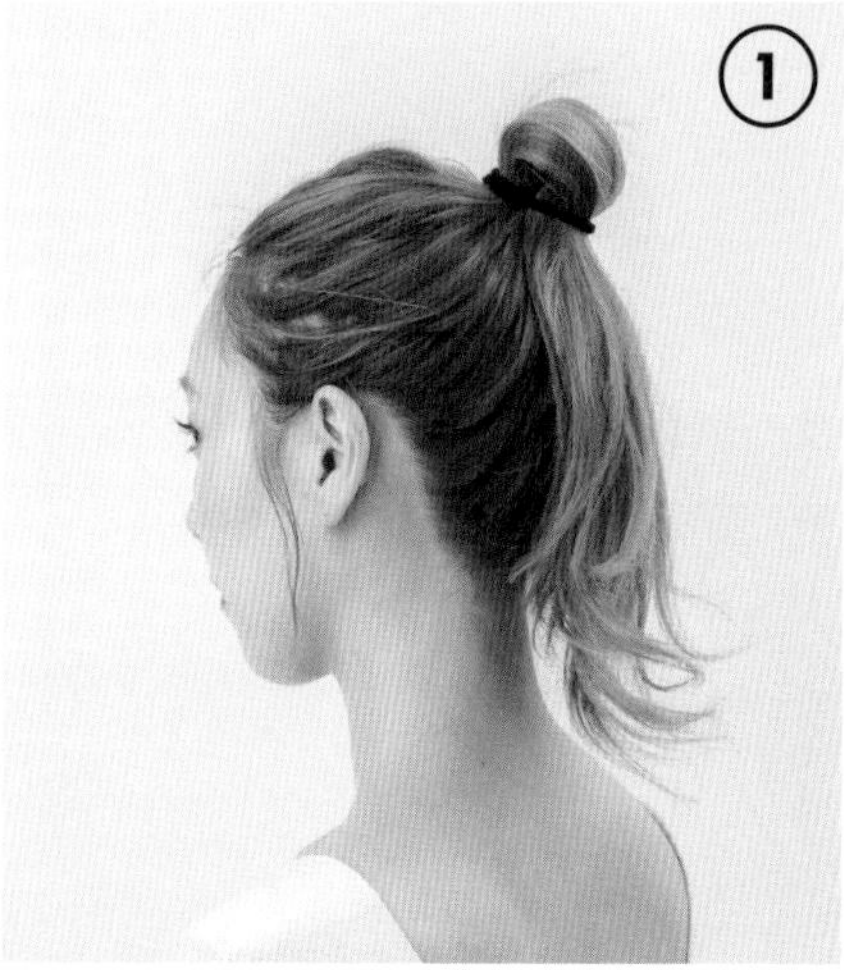

高めの位置に〝おたまじゃくし〟を作る

アゴと耳を結んだライン上を目安に、高めの位置に〝おたまじゃくし〟を作る。小さめに作って毛先をできるだけ長く残しておくのがコツ。

左右両端の毛先を引っぱる

結び目に片手を添えながら左右両端の毛先を引っぱって、お団子を丸くてかわいい形に整える。

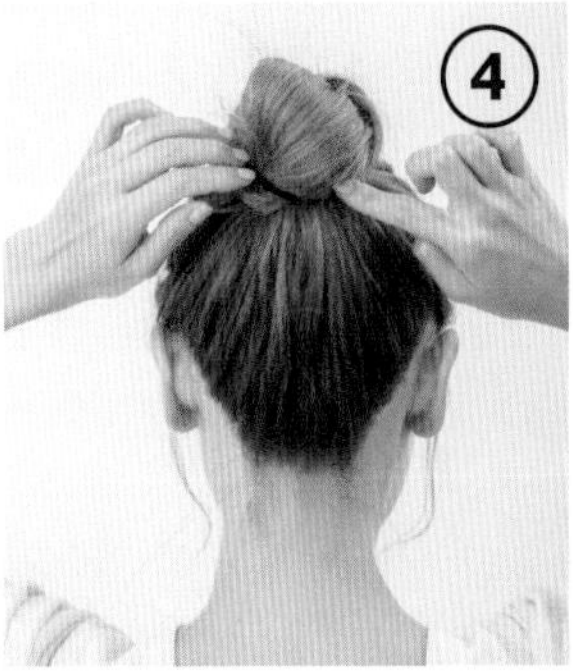

毛先をねじりながら巻きつける

毛先をねじりながらお団子に巻きつけ、結び目を隠す。お団子部分を引き出してくずす。巻きつけた毛束も少しずつくずし、後頭部やサイドの髪をバランスよく引き出す。

うしろから見える結び目はシニヨンの毛束で隠す

毛先が結び目を一周できず、ゴムが完全に隠れないときは、お団子の下側の髪を広げてゴムに入れ込んでカバー。

56

コテ or ストレートアイロン どっちを使うのが正解？

すっぴんヘアでもかわいく仕上がるのが「ひとくせポニー」ですが、髪を少しでも巻くとやっぱり華やかさが変わります。

とはいえ、時間をかけてすべての髪の毛を巻く必要はまったくナシ。時間がないときはアレンジ後に「おくれ毛」と「毛束の毛先」の2か所をサッと巻いて、動きをプラスするだけでOKです。

髪の毛を巻くツールには大きく分けて、コテとストレートアイロンがありますよね。アレンジに使うのは使い慣れたほうで大丈夫ですが、どちらを使うかによって仕上がりの雰囲気はちょっと違ってきます。

コテでできるのは縦巻きのカール、ストレートアイロンでできるのは波のようなウェーブ。

コテのほうがカールがしっかり見えてよりキレイめな印象に、**ストレートアイロンを使えば無造作でカジュアルな印象**に仕上がります。これから購入するなら、なりたい印象に合わせて選ぶのもいいですね。

どちらも使ったことがないという人は、ストレートアイロンのほうが使いやすいかもしれません。手首を返して山と谷を描きながらウェーブを作っていくので、はじめてでも操作がわかりやすいんです。設定温度は140℃くらいの低めの温度からスタートし、慣れてきたら160〜180℃くらいで巻きましょう。

どんなに高温にしても、アイロンの温度は180℃までにしておいてください。これ以上高くしてもセット力が上がるということはなく、かえって髪の毛がいたんでしまいます。

コテは細いほどカールが強く、華やかな雰囲気になりますが、どんなアレンジにも使いやすいのは、細すぎず太すぎない26ミリくらいの太さです。私は26・5ミリのものを使っています。

熱の伝わり具合は製品によっても違うので、はさむ毛束の量や時間は一概には言えません。手になじむものを見つけたら何度か試してみて、感覚をつかんでみてくださいね。

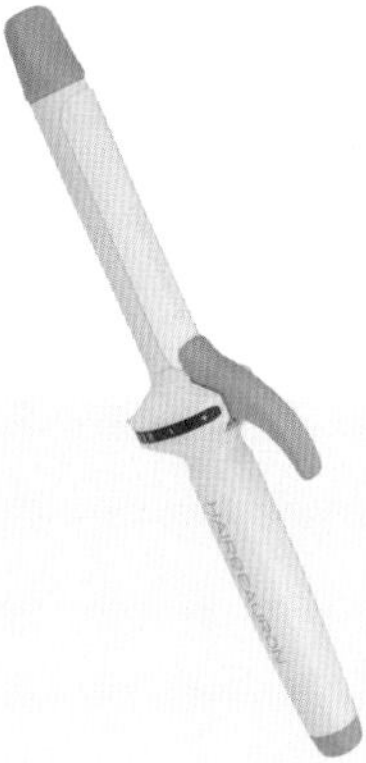

57

コテ巻き派

くっきりしたカールが作れるコテは、華やかでキレイめな雰囲気が好きな人にピッタリ。毛束をはさんだら、くるくると巻きながら毛先まですべらせていけばＯＫ。

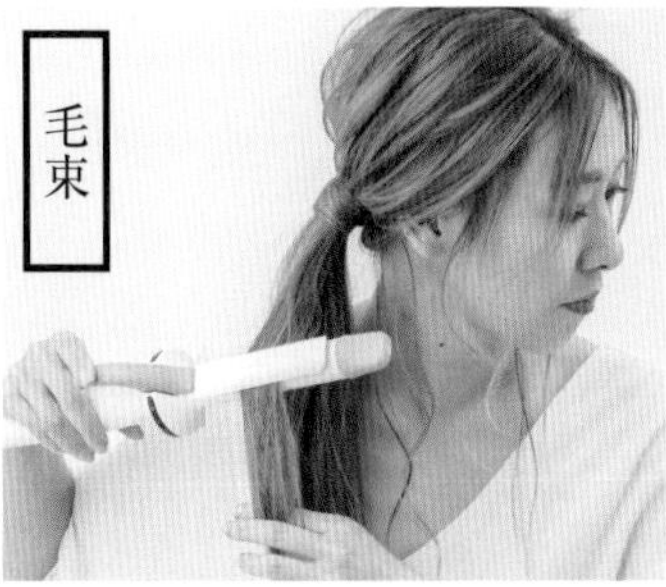

ポニーの毛束を5～6つに分けて、ひと束ずつ巻く。コテを横向きに持ち、根元に近い部分をコテではさむ。

片手でコテを支えながら1回転させて、2～3秒おく。

巻いたところをはずして少し下をはさみ、また1回転。これを毛先までくり返し、すべての毛束を巻く。

片手で毛先を持ちながら、根元に近い部分をコテではさむ。

コテを縦に持って1回転させる。

巻いたところをはずして少し下をはさみ、また1回転。これを毛先までくり返す。

58

ストレートアイロン派

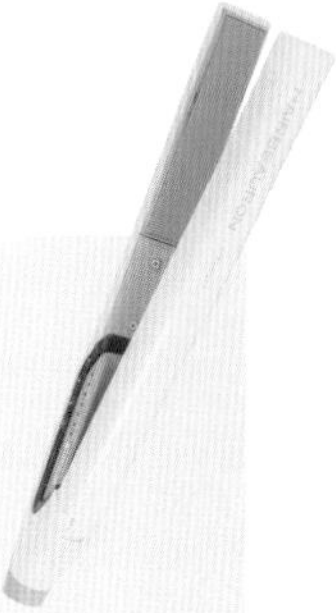

ストレートアイロンは波状のウェーブが作りやすく、よりカジュアルな仕上がりに。毛束をとったら手首のスナップで波を描くようにすべらせていきましょう。

ポニーの毛先を5～6つに分けて、ひと束ずつ巻く。根元に近い部分をストレートアイロンではさむ。

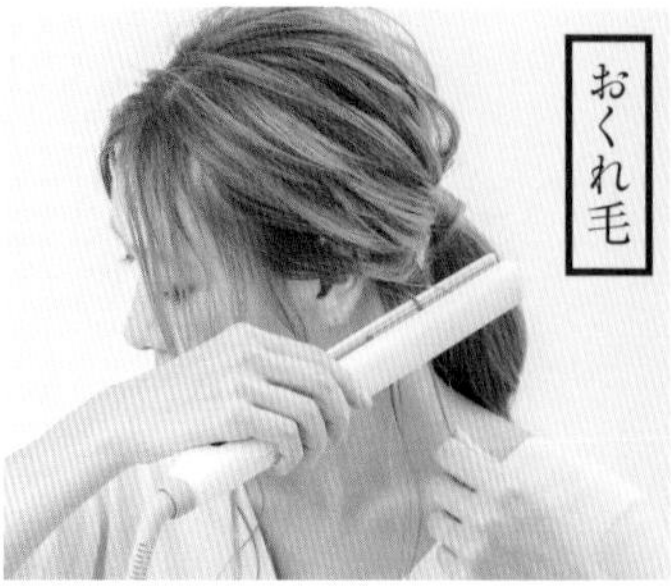

根元に近い部分をストレートアイロンではさむ。

おくれ毛よりもさらにゆっくりと、内巻きの半円を描くようにアイロンをすべらせる。

アイロンを横向きに持ち、片手で毛先をつまみながら、内巻きに半円を描くようにゆっくりとすべらせる。

おくれ毛と同じく外向きに半円を描くようにアイロンをすべらせ、S字のウェーブを作る。そのまま毛先までくり返し、すべての毛束を巻いて完成。

今度は外向きに半円を描くようにアイロンをすべらせ、S字のウェーブを作る。毛先は必ず外巻きで終わるように。

59

表面の毛束は
たったの5か所巻けばいいだけ

FRONT

SIDE

BACK

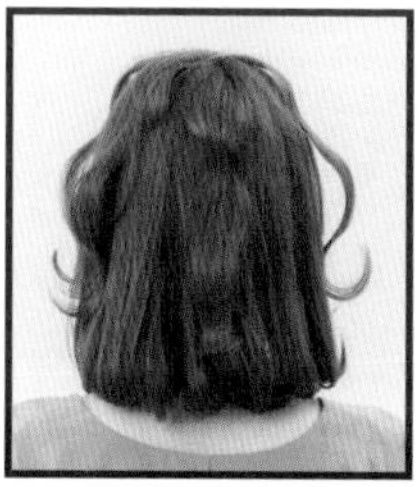

お仕事終わりに楽しみな予定がある日には、「おくれ毛」と「毛束の毛先」のほかにトップの髪も巻いておくと、華やかさとこなれ感がさらにアップします。

といっても、**巻くのはたった5か所**だけで大丈夫。

写真のように表面の毛束の左右2か所ずつと後頭部の真ん中を1か所巻くだけなので時間はかかりません。巻いた毛束はくずしすぎずに、まだ少し束感がある状態でまとめましょう。そのほうが立体感が出てオシャレに仕上がります。

おくれ毛と毛先、そして表面の毛束を5か所巻くだけで、まるで髪全体を丁寧に巻いたみたいなふんわり感を出すことができるんです。「巻く」というとすごく大変な作業のようで気おくれしていた人も、きっと大丈夫。一度試してみれば、意外なほどの簡単さにビックリすると思います。

いつものスタイルがさらにかわいくなって、アレンジをするのが楽しみになりますよ。

60

内巻き⇔外巻きは手ぐしで自由自在

表面の髪の毛、おくれ毛に続いて巻くといいのが、毛先。内巻きか外巻きかは好みで選んでOKですが、**実は内巻きを作っておけば、手ぐしをするだけで外巻きにチェンジできるんです！**

やり方は、耳の横あたりの髪の毛の表面から手ぐしを通し、毛先までできたら手首を巻き込むようにするだけ。髪の毛全体の流れが変わったことで、内巻きだった毛先のカールが外巻きになります。内巻きに戻したいときは先ほどとは反対に、内側から手ぐしを通して毛先を内側にクセづければOK。

このように手ぐしで内巻き⇕外巻きを自由に変えることができるのですが、最初に作るのは内巻きがやりやすいと思います。

使うツールはストレートアイロンでもコテでもできますが、ストレートアイロンのほうが時短で毛先をカールすることができます。髪全体を6つ程度の毛束に分ければ、無理なくはさめて熱もよく伝わりますよ。慣れてくると2～3分でできるようになるので、時間がない朝にオススメの方法です。

内巻きを作る。

根元の立ち上がりをつぶすように、
手ぐしで髪を押さえつける。

毛先まできたら、手首を巻き込むようにして毛先を外側に向ける。

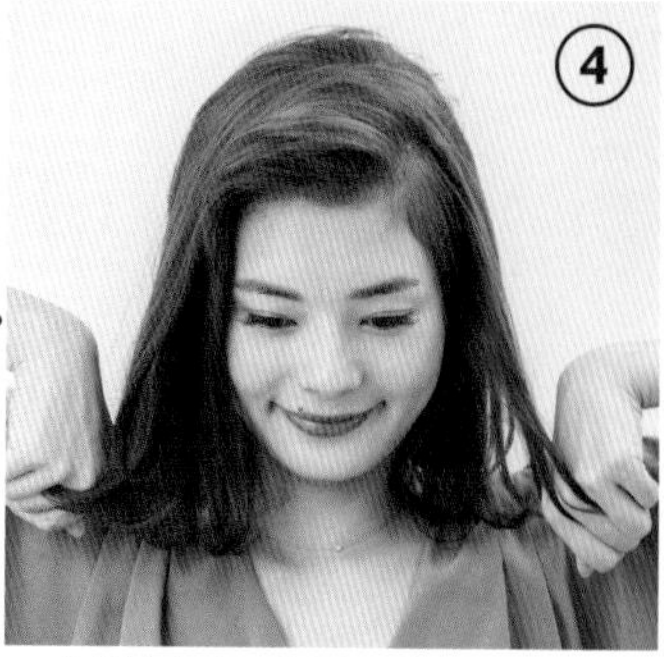

位置を変えて何回か手ぐしを通す。

完成

外巻きの完成。

外巻きを内巻きに戻すのも簡単

一度外巻きにした毛先をまた内巻きに戻したいときは根元をふんわりさせるように手ぐしを通し、毛先まできたら手首をくるりと返して毛先を内側に向ける。

61

アレンジテクを磨くよりもカラーリングを変えるのが近道

くり返しになりますが、オシャレなアレンジのポイントは「こなれ感」。でもアレンジ初心者さんからは、こなれ感を出すために大事なプロセスである「引き出し」がうまくできないというお悩みもよく聞きます。

そんな人にオススメしたいのが、カラーリングで立体感を作ってしまうという裏ワザ。何もしていない状態でもすでに髪に陰影がついているので、引き出し加減がイマイチでも、プロがアレンジしたみたいなキレイな仕上がりに見えちゃうんです。

立体感をアップするには、1色よりはミックスカラーやハイライトなど、複数の色を使ったカラーリングがオススメ。オフィスの規則で明るいカラーリングができないという人でも、黒髪をベースにしてワントーン明るめのハイライトを数本入れるだけで全然印象が違います。

ハイライトは入れる位置が重要なので、プロに任せて、ベストなバランスを作ってもらいましょう。

ダークカラーでも細いハイライトが何本か入っているだけで、毛流れがキレイに見えるのでオススメ。

カラーはなりたいイメージによって選ぶのがいちばんですが、オススメは自然なベージュ。大きく分けて、赤みの多い「チョコレートベージュ」と赤みの少ない「ミルクティーベージュ」の2種類があります。

やわらかく透明感のある雰囲気に見せたいなら、ミルクティーベージュがオススメ。日本人の髪はもともと赤みが強いので、それをおさえるという意味ではグレーがかったベージュ「グレージュ」もいいでしょう。

一方でカラーしたての状態を長持ちさせたいなら「チョコレートベージュ」がいいと思います。日本人本来の髪色に合ったカラーなのでダメージも少なく、こまめなケアをしなくてもキレイさをキープしたいというズボラさんにもピッタリ。

「ベージュ」「グレージュ」とひと口に言っても、とてもたくさんの色味があります。自分のなりたいイメージや肌色にピッタリのカラーを知りたい人は、美容師さんに聞いてみてくださいね。

62

おくれ毛をオシャレに見せるコツは「長さ」と「場所」と「質感」

同じアレンジでも、おくれ毛があるだけで今っぽく、こなれ感がアップして見えるもの。でもこのおくれ毛、一歩間違うとただヘアスタイルがくずれているだけの「疲れている人」に見えてしまいます。自然にパラッと落ちているような雰囲気を出すには、3つのコツがあるんです。

まずは「長さ」。長すぎるとおくれ毛ではなく、束ね忘れた髪の毛のように見えてしまいます。10～15センチ程度を目安にしましょう。

そして「場所」。**おくれ毛があるとかわいい場所は、前髪横、こめかみ、もみあげ、耳うしろ、えりあしの上の5つ**です。

最後に「質感」。おくれ毛を出す場所は合っていても、パサッとしているとたんに疲れた印象を与えてしまいます。オイル分多めのスタイリング剤や洗い流さないトリートメントをつけて、しっとりとした束感をプラスしましょう。

束ねる前にスタイリング剤を使っていても、この時点ではおくれ毛にまでしっかりとつけられていない場合がほとんどです。指先の

向かって右側が巻いていないそのままのおくれ毛、左側が巻いたあとのもの。おくれ毛を巻いていないとどこかもの足りない印象です。

みにスタイリング剤をなじませ、おくれ毛のみにあらためてスタイリング剤をつけてください。

おくれ毛を出すタイミングは、髪の毛を束ねる前。束ねてからだとくずれの原因になってしまいます。

まとめた髪の毛をうしろで持って、量を見ながら毛束を引き出していきましょう。毛束の量は髪の毛10本分くらいを目安にしてみてください。

また、ベストな場所にベストな長さのおくれ毛を出すには、サロンでカットしてもらう時点で調整が必要です。美容師さんに次のページの写真を見せて、おくれ毛を出したい場所の髪の毛をあらかじめ短めにカットしておいてもらいましょう。そうすることで、毛束をうまく引き出せるようになります。

少し時間があるときには、おくれ毛をヘアアイロンで巻くとより「ゆるふわ」な印象に。おくれ毛はほかの部分に比べて毛量が少ないので、不器用さんでも巻くのが簡単。ぜひ試してみてくださいね。

63

「おくれ毛」のオーダー法

おくれ毛を出すとかわいいポイントは、前髪横、こめかみ、もみあげ、耳うしろ、えりあしの上の5つ。担当の美容師にこの写真を見せて、カットしてもらいましょう。髪の毛10本分ずつ、長さはベースのレングスに合わせて10～20センチくらいが目安です。

64

夕方のお疲れボサボサヘアは、「まゆ用のスクリューブラシ」で即効直せる!

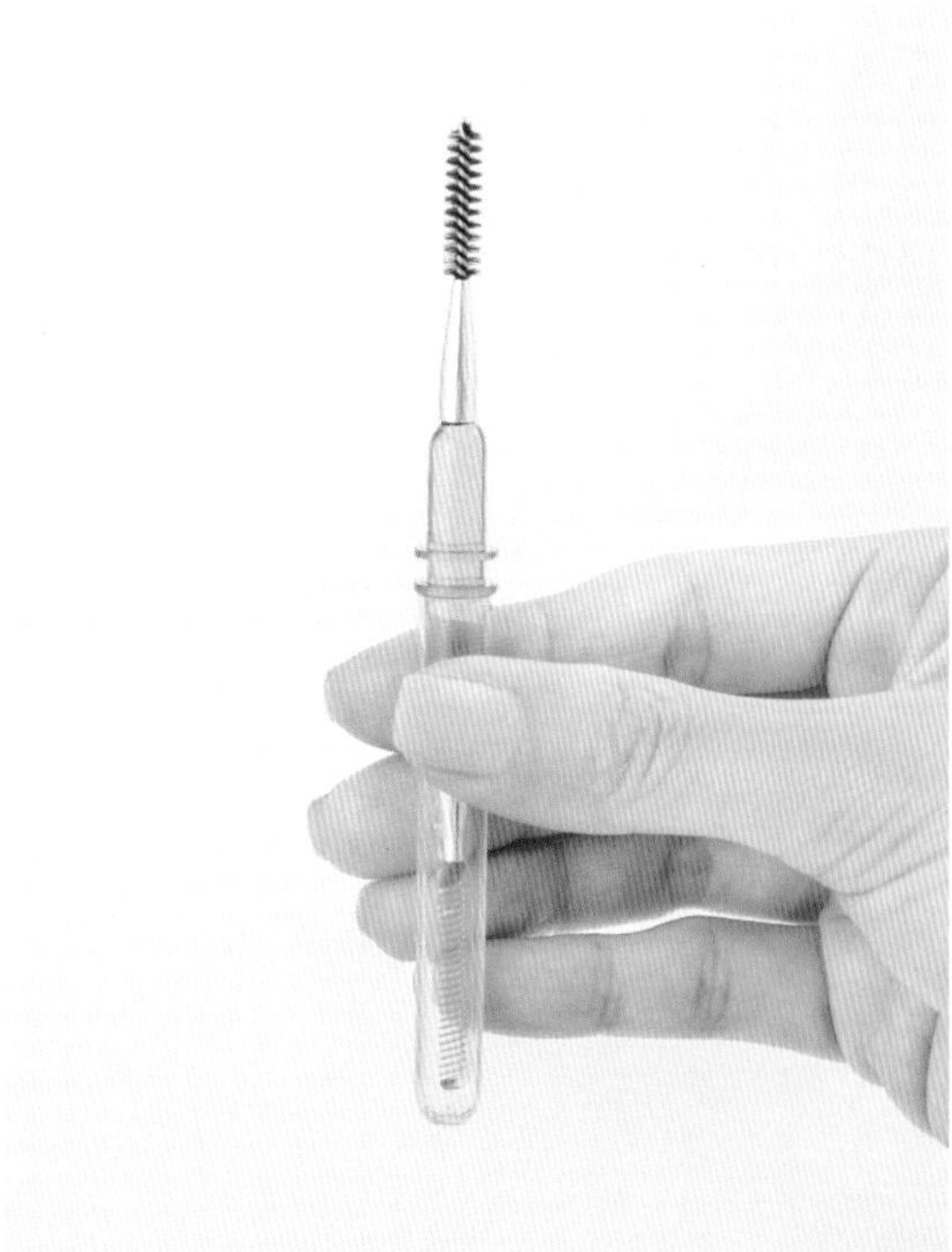

時間がたって浮いたり落ちてきたりした髪を直すのに便利なのが、まゆ用スクリューブラシ。ポーチに1本入れておけば、夕方のお直しに重宝しますよ。

朝にしっかりとセットしていても、夕方になると表面の髪の毛が浮いてきたり、髪の毛が落ちてきたりすることありますよね。

そんなときに便利なのが、まゆ用のスクリューブラシです。これも100円均一ショップで売っているもので十分です。

目が細かいので、**ひとなでするだけで表面の毛流れが整い、朝の仕上がりを復活させることができる**んです。

気になる部分にスタイリング剤をつけたらブラシを髪の表面にあてて、毛流れに添うようにそっととかします。毛流れを乱さないよう、最後はブラシを1回転させてスッと抜きましょう。

場所によっては、直接ブラシにスタイリング剤をつけてからとかしても大丈夫。えりあしなどはこの方法のほうが、うまく仕上がりますよ。

このとき使うスタイリング剤は、ヘアスプレーがオススメ。ハードすぎずソフトすぎない、ナチュラルなものを選びましょう。髪がペタッとしがちな人もふんわりと仕上げることができます。反対に髪が広がりやすい人は、オイル分多めのワックスでもOK。その日の髪のコンディションに応じて変えてみるのもいいと思います。

スクリューブラシで毛流れにそってとかす

くずれが気になる部分にスタイリング剤をつけ、毛流れにそってスクリューブラシで軽くとかす。気になる部分は、ブラシに直接スタイリング剤を使ってOK。

ブラシを1回転させて完成

最後は毛流れを乱さないようにブラシをくるりと1回転させて髪の毛から抜く。

65

「オイル系スタイリング剤」で生え際のピンピン毛をおさえる

大人女子のお悩みに多い、生え際の〝ピンピン毛〟。これがあるとたんに疲れた印象になってしまうので、なんとしても撃退したいですよね。

ポイントはオイル分多めのスタイリング剤で、立ってくる髪の毛をしっかりおさえること。

最近では外出先でも使いやすいスティックタイプのスタイリング剤もたくさん出ていますので、こうしたタイプのものを使ってみるのもひとつの方法です。

また、**〝ピンピン毛〟が発生しやすいのは、生え際の中でもこめかみに近い場所**のため、この部分が立ち上がっていると、どうしても目立ちやすくなってしまいます。

前髪の分け目を調整してサイドに髪を少しかぶせておくか、生え際の毛をなでつけてスプレーをひとふきしておくと、時間がたっても髪の毛が浮かずにキレイな状態をキープできますよ。

66

合わせ鏡があるだけでアレンジ上手になれる

ヘアアレンジは角度によってまったく違って見えるもの。ふんわりした仕上がりに必須の「引き出し」などはまさにその代表で、正面から見て「うまくボリュームが出せた」と思っても、サイドから見るとシルエットがくずれていたり、うしろから見ると分け目のクセのせいでボリュームが不均一になっていたりすることもよくあります。

360度どこから見てもかわいい仕上がりを目指すなら、サイドやうしろから見た姿もチェックしながらスタイリングをしてみてください。

このときにあると便利なのが、合わせ鏡です。とはいっても、立派な三面鏡がなくても大丈夫。**大きな鏡を背にハンドミラーを見るだけでも、うしろ姿をチェックできます。**

最近は、持ち運びにも便利なミニサイズの三面鏡も、100円均一ショップなどでたくさん見つかります。毎日のスタイリングが楽しくなる1枚を、ぜひ探してみてくださいね。

67

ヘアスプレーはソフトタイプで香りのよいものを

アレンジの仕上げにぜひ使いたいのが、ヘアスプレー。このひと手間でスプレーの粒子が髪全体をコーティングして、スタイリングしたての状態を長時間キープしてくれるんです。

ドライな質感が好みでアレンジ前にはスタイリング剤をつけないという人も、仕上げのスプレーだけは忘れないようにしてみてください。

「ヘアスプレー」とひと口に言っても、ソフトタイプからハードタイプまでさまざまな種類がありますよね。サロンでもどのタイプを買うべきかとよく聞かれるのですが、普段使いにはソフトタイプでOK。最近のものは、ソフトタイプでもキープ力が十分にあります。

スプレーするときは頭から30センチ程度離し、頭の周りをグルリと一周させるようにしましょう。毛先のウェーブ感や束感をキープするときは、左上の写真のように毛束と毛束のすき間にスプレーをすると、よりキープ力がアップします。

もちろん、部分使い用にハードスプレーを持っておくのはまった

スプレーを頭に近づけすぎると、成分がかたよってしまってキレイに仕上がりません。頭から30センチくらい離してグルリと一周させ、全体にまんべんなくスプレーできるようにしましょう。

く問題ありません。

たとえば、生え際のガンコなクセをホールドしたいときなどには、ハードスプレーが最適です。この部分にクセがあると、スタイリングをしてもいつの間にか戻ってしまっていたりしますよね。そんなときはスタイリングをしたあとすぐに、生え際にスプレーをひとふきしておきましょう。生え際にあると疲れて見えがちなピンピンした短い毛も、同時におさえることができます。

スプレーはスタイリングの仕上げだけでなく、お直しなどでも頻繁に使うものなので、使い心地だけでなく香りも大切。私は香りのいいスプレーをたくさん集めて、気分によって使い分けています。

今のお気に入りはミルボンの「ジェミールフラン　スプレーSW」と、ルベルの「トリエジューシー　スプレー0」。使うといつも周りにいる友だちから「いい香り！　何使ってるの？」と聞かれるほど、素敵な香りなんです。自分好みの香りだと、お直しの時間がちょっとした気分転換にもなっていいですよ。

68

「耳もヘアアレンジの一部」と心得る

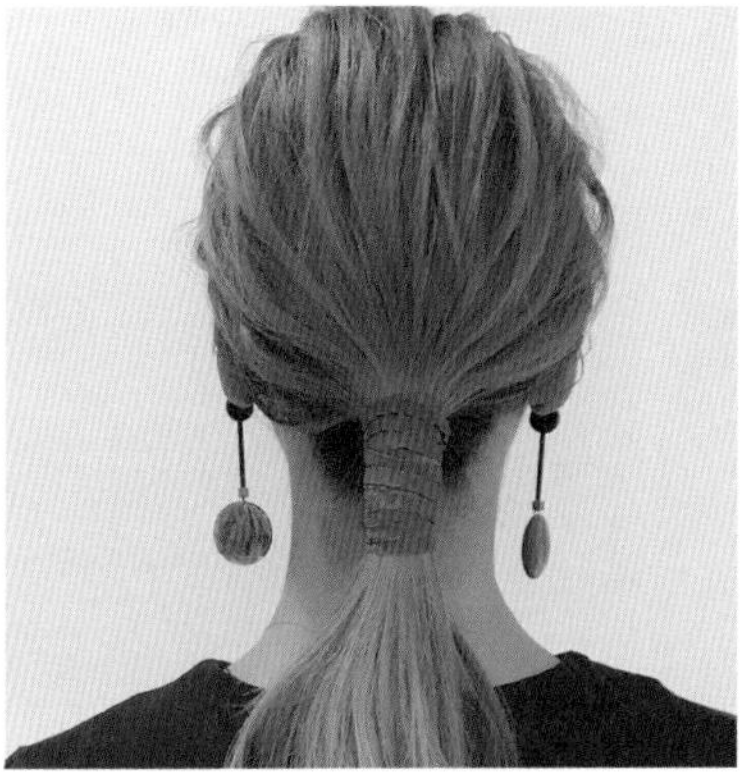

ピアス：左上・左下/CLUDO @cludo_nao（Instagram）、
右上・右下/sAn http://san-official.com/

私がヘアアレンジを考えるうえで欠かせないのが、ピアスやイヤリングとのバランスです。同じヘアスタイルでも耳からチラッとのぞくアクセントがあるだけで、グンと表情が豊かになります。**「耳までがヘアアレンジの一部」と心得て、ヘアスタイルとのバランスを意識してみてください。**特に、会社帰りに急なお誘いがある場合は、わざわざアレンジを直すよりも、大振りピアスをつけるほうが手っ取り早く、うしろ姿からもピアスが見えてどの角度からも華やかな印象になります。常にバッグの中にひとつ持っていると安心です。

ひとつの基準としては、首元がすっきりしたスタイルのときは下に垂れるようなデザインのアクセサリー、ローポニーなど首元にある程度髪の毛が残っているスタイルならモチーフのみのシンプルなアクセサリーを選ぶのがオススメです。

アクセサリーは季節感を演出するのにもピッタリ。春夏は涼しげなシルバーやチェーンをあしらった華奢な雰囲気のもの、秋冬はあたたかみのあるゴールドや大きなモチーフのついた重厚感のあるものを選んでみましょう。

片方の髪を耳にかけて大ぶりなアクセサリーをつければ、アシンメトリーな雰囲気に。ヘアスタイル全体のバランスを考えた足し引きを、存分に楽しんでください。

69

大ぶりヘアアクセはアレンジ初心者の味方

ヘアアクセサリー：左上/cilsoie @chisoie（Instagram）、右下/nood @nood.aoi（Instagram）、
右上・左下/sAn http://san-official.com/

夜に予定があって雰囲気を変えたいけれど、アレンジをする時間がない……。こんなときにオススメなのが、最近流行の大ぶりヘアアクセサリー。素材がキレイなものを選べば、それだけで大人っぽく、華やかな雰囲気になれます。

ヘアアクセサリーが視線を集中させてくれるので、アレンジがうまくできなかったときに失敗をごまかしてくれる効果もあります。我こそは不器用という人なら、ひとつ持っていても絶対損しないアイテムです。

結び目につけられるバレッタは「ゴムかくし」が苦手な人の強い味方。毛束全体をしっかりとはさんでくれるので、髪の毛が落ちてきやすい人にもオススメです。

手軽に使えるうえ、つけるだけで今っぽい雰囲気になるのがヘアクリップ。オシャレに見せるコツは、**真ん中よりも左右どちらかにかたよった位置につけること**。こうすることでアシンメトリーな雰囲気が出て、一気にアカ抜けヘアになります。ピンをさし込むときと同じように、表面の髪と根元の髪を一緒にはさむようにすると、しっかり固定できます。

お気に入りのヘアアクセサリーがいくつかそろってきたら、ピアスやイヤリングとのバランスや洋服とのコーディネート、季節感などもぜひ意識してみてください。

70

雨風にはかなわないから天気とは闘わない

朝起きて、私がいちばん最初にすることが天気予報をチェックすることです。雨予報の日や湿度が高い日、または風が強い日は、よっぽどのことがない限り、髪の毛を巻きません。

どんなにいいスタイリング剤を使っても、結局巻きは落ちてきてしまうため、天気に合わせた髪型を作ることにしています。

天候の悪い日は、タイトなアレンジに限ります。オススメは小さめのシニヨン。引き出しは控えめにしておきましょう。湿気で広がりがちな毛先は、できるだけ出さないのが得策。どうしても毛先を出したいときは、毛先が落ち着きやすいローポニーにしておいてください。

とはいえ、予定があってどうしても巻かなければならないときは、ハードタイプのスプレーを使ってキープしてみて。

私のオススメは、ルベルの「トリエジューシー　スプレー0」。巻きや編み目だけでなく、トップや後頭部もふんわりとキープしてくれます。

71

中年男性より臭い頭皮になっていませんか

髪の毛が健康であるかどうかで、アレンジの出来も左右されます。髪質にこだわることももちろん重要ですが、何よりも大切にしてもらいたいのが「頭皮」です。

たいへん言いづらいことですが、勇気をもって言います。

女の頭皮は男よりも臭いことがあるのです!

女性は、「しっとり」「ツヤツヤ」を目指すあまり、地肌をしっかり洗いきれていない場合が多く、また、髪も男性より長いため、指先がなかなか地肌まで届かず、洗いきれていないことがあります。汗や皮脂、整髪料の洗い残しがあると頭皮の毛穴がつまってしまい、新しい髪の毛が生えてくるのをジャマし、薄毛やくせ毛の原因にもなります。

まずはしっかり、お湯で予洗いするようにしましょう。1日の間に地肌にたまった汚れのうち7割は、この予洗いで落とせると言われています。汚れをしっかりと落とすためには、シャンプーの泡立ちも大事な要素。ふっくらとした豊かな泡が汚れを巻き取り、頭皮を清潔に保ってくれるからです。シャンプーを手にとったら空気を含ませるようにしてよく泡立て、泡に安定感が出てから髪の毛につけるようにしましょう。

次に、指の腹を使って地肌にキズをつけないように気をつけながら、マッサージするようにもみ洗いしてみてください。顔の皮膚と頭皮は地続きになっていることを忘れてはいけません。耳の上の頭皮がしっかり指でつまめたら要注意！　つまめたぶんだけ、頭皮がたるんでいる可能性があります。きちんともみ洗いすれば、毎日のシャンプーで顔のたるみ予防対策もできて一石二鳥です。

私は毎日ミルボンのノイドゥーエのWタイプのシャンプーとVタイプのトリートメントをしたあと、髪の毛をしっかり乾かしてから眠っています。また、週に1回はニュートリエントのVタイプのトリートメントで集中ケア、頭皮の汚れが気になるときはプラーミアのクリアスパフォームという炭酸シャンプーをします。普段のヘアケアの参考にしてみてくださいね。

PROFILE

工藤由布

@ nyan22u22nyan

恵比寿のヘアサロン『N.Mist』のスタイリスト。
青森県出身。1984 年生まれ。Instagram にセルフアレンジをポストしたところ、天気やファッションに合わせて毎日更新される今どきヘアアレンジと丁寧でわかりやすい解説が話題になり、人気アカウントに。フォロワーは約 7 万人。近著に『しないヘアアレンジ』(小社刊)がある。

Instagram　@ nyan22u22nyan

※本書に出てくる商品やアクセサリー、洋服などはすべて本人の私物です。

SALON DATA

N.Mist　東京都渋谷区東 3-14-22 ルヴェール渋谷東
TEL03-3499-2386
http://n-mist.com/

STAFF

ヘア＆メイク　工藤由布
ボブアレンジモデル　小濱庸子

デザイン　bitter design
撮影　福井麻衣子
イラスト　藤田有紀

DTP　アルファヴィル
校正　ディクション

編集担当　片山緑（サンマーク出版）

おわりに

ひとつ結びにシニヨン、くるりんぱ……みんなが当たり前にやっている髪型も、ちょっとしたコツをおさえるだけでケタ違いにかわいくなる。それを知ってもらいたくて、この本では大きな写真を使って、なるべく細かくプロセスをお伝えしました。

生まれ持った頭の形や髪質もコツ次第でバランスのいいシルエットに変えることができます。それに、この基本ができれば、雑誌に載っているような手の込んだアレンジも簡単にできるってことを実感してもらえたらうれしいです。

すでにお気づきかもしれませんが、この本はアレンジ中に本を手で押さえておかなくてもいいように、ベターッと開く作りになっています。ぜひ鏡の前で気になる髪型やアレンジのコツのページを開いたまま、何回も挑戦してみてください。

コンプレックスは必ず誰もが持っているもの。それを活かしたり、補ったりするにはほんの少しの時間とコツが必要です。慣れるまで少し大変かもしれませんが、あきらめないで。

必ずどこに行っても恥ずかしくない無敵アレンジができるようになります！

私がインスタグラムでセルフアレンジを載せ始めたのが約7年前。2014年からはその日のヘアアレンジをほぼ毎日投稿するようになりました。その年の3月、投稿を見たお客様が「ヘアアレンジをしてほしい」とサロンに来てくださったときは、本当にうれしかったです。

これからもどんどんアレンジをアップしていきますので、お気軽にご質問やリクエストをいただけたらと思います。

ヘアゴム1本持ったらもう、360度どこから見ても素敵なヘアスタイルを手に入れたも同然。今よりさらにかわいくなって、みなさんの1日がもっともっとHAPPYになりますように！

N・Mist　スタイリスト　工藤由布

本書は、2017年11月にセブン＆アイ出版より刊行された『ヘアゴム1本のゆるアレンジ』
の表記、表現などを一部改訂した新装版です。

ヘアゴム1本のゆるアレンジ

2020年 6 月30日　初 版 発 行
2021年 8 月25日　第2刷発行

著者　工藤由布

発行人　植木宣隆

発行所　株式会社サンマーク出版
〒169-0075　東京都新宿区高田馬場2-16-11
03-5272-3166（代表）

印刷　共同印刷株式会社
製本　株式会社若林製本工場

ISBN978-4-7631-3837-8　C0077
https://www.sunmark.co.jp